人体运动彩色解剖图谱系列 ▶

核心训练
彩色解剖图谱

张建 编著

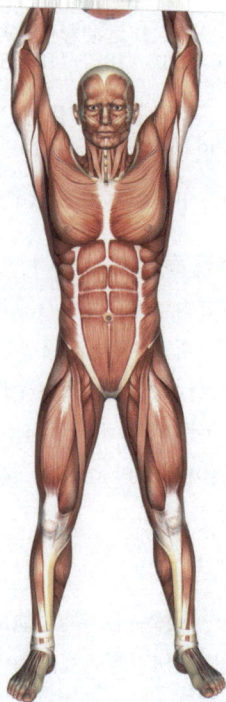

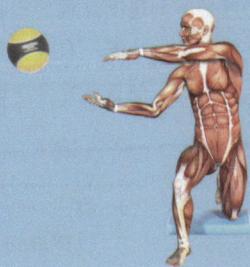

人民邮电出版社
北 京

图书在版编目（CIP）数据

核心训练彩色解剖图谱 / 张建编著. -- 北京：人
民邮电出版社，2022.10
（人体运动彩色解剖图谱系列）
ISBN 978-7-115-55247-1

Ⅰ. ①核… Ⅱ. ①张… Ⅲ. ①运动训练—图谱 Ⅳ.
①G808.1-64

中国版本图书馆CIP数据核字(2020)第220620号

免责声明

内 容 提 要

　　人体核心区的功能决定了身体各项的运动表现。此外，提升核心区的功能也是优化运动效率、
预防损伤不容忽视的训练内容。本书结合全彩解剖图，详细讲解了在体能训练与各个专项运动训练
中最经典的核心练习，分别针对核心稳定性、核心力量、核心爆发力训练给出详细的指导。书中的
训练动作以徒手为主，同时结合了瑞士球、哑铃、药球等小器械，并提供了核心训练计划的设计方
法和满足不同运动需求的核心训练计划示例，力求为读者打造完整的核心训练体系，以帮助读者发
展强大的核心功能，有效提升运动表现。

　　本书适合健身爱好者、运动员及体能教练阅读。

◆ 编　著　张　建
　　责任编辑　裴　倩
　　责任印制　周昇亮

◆ 人民邮电出版社出版发行　　北京市丰台区成寿寺路 11 号
　　邮编　100164　　电子邮件　315@ptpress.com.cn
　　网址　https://www.ptpress.com.cn
　　北京天宇星印刷厂印刷

◆ 开本：700×1000　1/16
　　印张：10.25　　　　　　　　　2022 年 10 月第 1 版
　　字数：223 千字　　　　　　　2025 年 7 月北京第 8 次印刷

定价：59.80 元

读者服务热线：(010)81055296　印装质量热线：(010)81055316
反盗版热线：(010)81055315

在线视频访问说明

本书提供部分训练视频，您可以通过微信的"扫一扫"功能，扫描本页的二维码进行观看。

● **步骤1**

点击微信聊天界面右上角的"+"，弹出功能菜单（如图1所示）。

● **步骤2**

点击弹出的功能菜单上的"扫一扫"，进入该功能界面，扫描本页的二维码。

● **步骤3**

如果您未关注"人邮体育"微信公众号，在第一次扫描后会出现"人邮体育"微信公众号的二维码（如图2所示）。关注"人邮体育"微信公众号之后，点击"资源详情"（如图3所示）即可观看视频。

如果您已经关注了"人邮体育"微信公众号，扫描后可以直接观看视频。

图1

图2

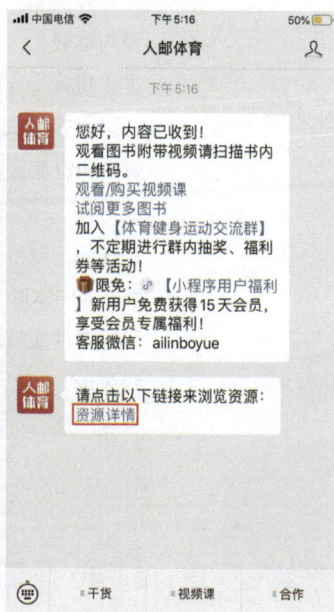

图3

目 录 CONTENTS

第1章 综述... 1

核心的定义..2

了解核心训练..3

训练核心稳定性的益处......................................5

训练核心力量的益处..7

训练核心爆发力的益处......................................7

核心训练的前提姿势..8

第2章 拉伸练习... 11

站姿体侧屈...12

侧向伸展...14

坐式扭转...16

动态眼镜蛇式...18

臀中肌、髂胫束拉伸.......................................20

侧弓步...22

跪式起跑者弓步...24

卧式4字体形..26

卧式脊柱扭转...28

四肢走...30

脊柱伸展...32

第3章 核心稳定性练习.................................. 35

平板支撑...36

对侧上举...38

平板支撑转体 40

动态前屈髋 42

侧平板支撑 44

直膝髋外展 46

反式平板 48

椅子式 50

臀桥 52

军步屈髋 54

单腿平衡 56

单腿跳 58

有反向跳 60

无反向跳 62

双腿交换跳 64

骨盆倾斜练习 66

俯桥静力 68

侧移 70

转肩 72

交替抬腿 74

转髋 76

死虫动作 78

四足游 80

蚌式支撑 82

第4章 核心力量练习 85

伸髋挺身 86

前推 88

俯卧撑至屈膝 90

抬腿转髋 92

球上卷腹 94

基本硬拉 96

俄罗斯转体...98

俯卧撑...100

单腿转动...102

仰卧两头起...104

仰卧交替对角伐木...106

摇滚自行车...108

坐姿仰卧剪刀腿...110

坐姿转体...112

贝壳练习...114

第5章 核心爆发力练习.................................117

过顶抛接球...118

过顶扔球...120

过顶下砍...122

过顶砸球...124

跪姿旋转过顶砸球...126

直立姿旋转过顶砸球...128

半跪姿垂直侧向扔球...130

分腿姿垂直侧向扔球...132

侧向下砍...134

第6章 训练计划.................................137

训练计划的设计方法...138

初学者...140

中老年...141

运动健身人群...142

上腹部练习...143

下腹部练习..144

旋转肌群练习..145

腹部塑形..146

核心稳定性..147

足球..148

篮球..149

排球..150

游泳..151

网球..153

高尔夫球..154

作者简介..156

01

CHAPTER ONE

第1章
综述

核心的定义

当前，"核心"是一个比较流行的词汇，一般指人体从颈部到髋部的区域，也可称之为核心区、中心区。通常来说，大多数人可能会认为核心是指腰腹周围的肌群，其实这种理解是比较片面的。因为核心不单是由肌群组成的区域，从解剖学上说，它是由腹部、腰部、髋部的肌肉与骨骼共同构成的复合体。下面分别讲述解剖学上的核心组成。

◆ 腹部

腹部能起到核心作用的是腹部的几块重要肌肉。腹直肌是躯干屈肌，位于腹部前方外层，我们做腹部卷曲动作时会用到腹直肌；腹横肌是深层肌肉，位于腹部前方深层，有利于保持身体稳定性；腹内斜肌和腹外斜肌位于腰部两侧，主要作用是使我们身体侧弯以及旋转。腹部的这些肌肉可以综合调节我们身体的侧弯、屈伸、旋转。无论处于何种姿势下，它们都共同作用，保持脊柱的稳定性。

◆ 核心区的骨骼

核心区的骨骼主要包括脊柱、骨盆以及髋关节。脊柱又可分为颈椎、胸椎、腰椎、骶骨、尾骨，其中腰椎的5块椎骨对核心有重要作用，对中下背部有重要支撑作用，也是需要我们重点保护的部位。

◆ 环绕脊柱的重要肌肉

环绕脊柱的重要肌肉主要有浅层的斜方肌、背阔肌，以及深层的竖脊肌、多裂肌、半棘肌、回旋肌等。斜方肌的下层、背阔肌对核心稳定起到支持作用；竖脊肌、半棘肌、多裂肌对脊柱的稳定性起着至关重要的作用，脊柱的伸展与侧弯，都要依赖它们进行，尤其是竖脊肌。

◆ 骨盆和髋部的骨骼与肌肉

骨盆和髋部介于上身与下身之间，属于过渡区域，而它们在上身和下身之间发挥着力量传导的作用，是重要的枢纽区域。骨盆和髋部肌肉可以支撑脊柱，有力地保障核心的稳定。髋部的大部分肌肉主要负责髋部的屈伸和腿部的屈伸与内旋、外旋，也调节脊柱的稳定性，使核心更稳固。

◆ 核心区的结构

控制子系统：它主要由控制、支配身体活动的神经系统构成，通过感受肌肉张力的变化，主动控制和调节核心区的活动；或被动通过反射（如牵张反射），调节核心区的活动，控制稳定性。

被动子系统：它主要由骨骼和关节的韧带系统构成，被动地限制核心区所有的关节活动范围，对保证核心区功能位置、维持核心区的稳定性极为重要。

主动子系统：它主要由核心区相关的肌肉构成。主动子系统又分为稳定肌群和动力肌群两部分。稳定肌群的主要特点是肌肉一般多分布在深层，多为单关节肌群，肌肉的体积小、肌纤维短，如脊椎之间、腰骶之间、骶髂之间的小肌群等，主要功能是维持椎体之间、骶髂之间的稳定性。而动力肌群的特点是肌肉一般多分布在表浅层，多为跨关节肌群，肌肉的体积大、肌纤维长，如竖脊肌、髂腰肌等，其主要功能是使脊柱屈伸、侧弯和旋转，产生大范围活动并可产生很大的力量。

综上所述，核心更像是一个具有复杂功能的集结地，它的工作是通过各种类型的肌肉收缩，将身体各部位的活动连接，以维持身体平衡，确保力的有效传递，使运动表现更理想。

了解核心训练

核心训练顾名思义就是身体核心肌群的训练，伴随着核心训练的日渐流行，保障每个训练个体的安全变得尤为重要。大量的实践证明，通过不同形式的练习手段训练核心肌群，可以有效地保持脊柱的正常生理弯曲，从而减少背部损伤。在选择不同形式的核心肌群训练方法时，应基于训练者的运动水平，例如选择不同的训练形式和不同阶段的强度练习，进而帮助训练者来达到他们的目标。

核心肌肉既可以作为稳定肌，又可以作为原动肌。当我们把核心肌肉作为稳定肌来进行练习时，核心的肌肉组织的常用功能更多的是协作收缩、保持稳定。例如，一个高效的由下肢传递到上肢的动作必须要通过稳固有力的核心肌肉组织来传导力量。当我们把它们作为原动肌来练习时，核心的肌肉组织的常用功能更多的是主动收缩来完成动作。例如，一个高效的空中旋转类动作必须要通过强有力的核心肌肉组织来发力完成。因此，对于各种训练人群来说，想要保证练习的安全性，我们不仅要把核心肌肉作为稳定肌来训练，而且还要作为原动肌来训练。

因此，鉴于核心的不同功能以及核心训练的不同形式，本书主要介绍3种形式的渐进性训练，即核心稳定性训练、核心力量训练、核心爆发力训练。

◆ 核心稳定性训练

核心稳定性训练，主要是针对核心的稳定性控制能力进行训练。我们身体的腹部肌肉、下背部肌肉、腰椎周围的肌肉控制着我们的身体姿势、腰椎的稳定性，以及身体的平衡感。平衡感的培养，需要重要核心肌肉、深层次的核心肌肉以及参与动作的运动肌肉共同作用，使动作在平衡协调中进行，使核心区肌肉在不断的收缩与放松过程中，提升我们身体感官对平衡变化的体察与感受，并及时调整，最终使核心肌肉能自如控制身体平衡感。比如一个简单的静态俯卧平板支撑动作，需要调动身体多个肌群，主要调动的是核心肌肉（不仅有表层的腹外斜肌、腹直肌，还有深层的腹横肌、盆底肌、腹内斜肌等，尤其是腹横肌）参与运动。在平板支撑的过程中，肌肉发生等长收缩（在肌肉长度保持稳定的前提下，发生收缩），并在不断调整收缩状态以维持动作的稳定，最终使力量与稳定性得到增强。

但是由于核心稳定性训练涉及整个躯干和骨盆部位的肌肉，并特别注重对那些位于深层的小肌肉群的训练，因此在进行核心稳定性训练时，一般采用3种练习方式：1.将单一固定的向心收缩与两端固定的静力性收缩相结合的练习方式；2.将支点固定与非固定相结合的多种练习方式；3.运动方向上采用不同维度的练习方式。

◆ 核心力量训练

　　核心力量训练与核心稳定性训练一样都是必不可少的。我们所熟知的肌肉力量训练，通常针对肌力与肌耐力，也就是肌肉力量与肌肉耐力。肌肉力量是指肌肉抵抗阻力做功所发出的力量，肌肉耐力则是指肌肉克服阻力长时间做功的能力。而核心力量训练除了锻炼核心肌肉，使其更强壮、更有力之外，更多强调的是一种机制。这种机制足以抵抗强大外力，保持身体平衡，并消除低效率动作与不良姿势所带来的负面影响，以保持身体平衡。核心力量是否优秀，不仅影响着稳定性，还影响着运动能力，如动作的完成度、动作的爆发力等。即使其他部位的肌肉再发达，也会因为核心力量缺乏等效训练，导致一个动作的完成质量大打折扣，无法发挥出一个动作应有的潜能。比如一个双腿肌肉发达的排球运动员，其核心力量比较弱，如果他想要完成一个跳发球的动作，当他双腿发力起跳后，力量不能被核心有效传递至上肢，发球的力度会降低很多，影响整个发球的质量。

◆ 核心爆发力训练

　　说到核心爆发力训练，首先要明白这并不是锻炼核心肌肉的爆发力，因为核心肌肉中，慢肌所占的比例更大一些。慢肌的主要功能是在负荷下持续性做功，有强大的耐力，且不容易产生疲惫感，但并不会创造爆发力。爆发力是快肌快速做功所产生的力量，依赖于肌肉的速度与力量。而爆发力的传递要在核心稳定的前提下，才能使动作表现实现最大化。这首先需要核心部位具备稳定性与力量。核心爆发力训练则是促进核心部位的本体感受能力的训练，使核心肌肉充分感知本体的运动感受，更好地协同提升运动速度、传递力量，使爆发力运动表现实现最大化。

◆ 核心训练的一般原则

　　核心力量训练相对于普通力量训练，虽然也遵循一般力量训练的基本原则，但是由于其训练部位的特殊性，同时还遵循其特有的训练原则。

　　核心力量训练的肌群主要位于胸部以下、膝关节以上。一些肌群（例如腰腹部肌群）相对于四肢肌群来说，很难得到较好的锻炼，因此较为薄弱。然而在训练的过程中，我们更应该遵循轻负荷、多次数的训练原则，区别于一般力量训练的那种大负荷。

　　协调性可以使多种肌群在不同运动中协调发力。而核心肌群的协调性恰好可以保证核心部位的有效支撑，使人体上下肢所做的各种运动有机地结合起来，最终实现全身整体运动链的协调。因此，在核心力量训练的过程中，要想使核心区域内的各种肌群得到合理有效的训练，以便实现各种肌群的均衡发展，就必须要遵循协调性原则。

　　由于核心肌群一般在不稳定状态下进行工作，因此在进行核心力量训练过程中也要遵循不稳定训练原则。在不稳定状态下进行核心力量训练，可以更多地发展小肌群力量，尤其是关节周围的辅助肌群的力量，同时还能提高运动员在不同运动中稳定关节和控制重心的能力。但是，我们不能只强调不稳定状态下的训练，同时也要考虑到稳定性的训练原则，这其实就是训练的循序渐进原则。因为如果在稳定状态下的基本能力发展不足，那么在不稳定状态下就很难提高训练难度，也就无法达到训练效果的最大化。

◆ 常见的核心肌群损伤

人体长期反复进行屈伸和旋转类动作，会对腰椎产生不同形式的损伤。

腰椎的过度屈伸动作：腰椎的过度屈伸动作是造成椎间盘微创伤的主要诱因。腰椎的过度屈伸动作会对椎间盘产生剪切力，同时也会增加伸肌的活动和负载。当人体负荷增加或者重复次数增加时，这种情况可能会变得更糟糕。因此，高负载和矢状面会导致受伤风险系数大大增加。

腰椎的横向旋转动作：腰椎的横向旋转动作并不是基于脊柱正中位置情况下进行的动作。它不仅包含脊柱纵向的负载，同时还包括脊柱的弯曲和伸展、静态转向扭矩和静态压力等形式的动作。其中，静态转向扭矩虽然可以帮助人体完成轴向旋转，但是大量研究发现它也是增加受伤因素的主要原因。长时间复合负载反复进行轴向旋转的人群，一般会有非常高的受伤风险（包括椎间盘受伤风险）。当轴向运动加入屈伸的运动，并且对脊柱产生不对称水平负荷后，容易促使组织变形而最终导致椎间盘突出。因此，一些旋转并且伴有屈伸的动作要尽量避免，以避免腰背部的损伤。

训练核心稳定性的益处

◆ 提升运动能力

核心稳定性之所以重要，是因为核心是完成绝大多数技术动作时力量产生和传递的区域，担负着力的传导作用，是人体运动链的中心环节。只有核心稳定性提高，肢体的活动才能有支撑，才会更协调。如果核心部位肌肉力量比较弱，收缩时产生的力不足以维持核心稳定，不能产生一个稳定的力量传递平台，那么上肢或下肢产生的力通过核心时必然大打折扣，做出的动作质量不高，运动效果差。就像一个简单的投掷动作，如扔铅球，核心如果缺乏稳定和平衡，前期的助跑力量就不能有效传递给上肢，而上肢向后收做储存势能动作以及向前、向上做投掷动作时，也就会缺乏一个稳定的平台，这样是难以取得好成绩的。因此，作为运动链的枢纽，核心有着传递身体能量、提升运动能力的作用。

好的身姿是提升运动能力的前提。通过核心稳定性训练，可以使身体各部位的关节、肌肉都处于正确的位置，保证正确发力，使做出来的动作更正确，动作表现也更好。专业运动员的训练，经常是同一动作或同一部位的重复训练，该部位肌肉或关节容易被过度使用，造成损伤，甚至发生动作代偿。虽然在短时间内可以提升专业成绩，但长期来说，这显然会带来更多的负面影响。而核心稳定性训练可以纠正这些错误的姿势，并提升核心稳定性，有助于专业技能的提升。

核心稳定性训练，是核心力量训练与核心爆发力训练的基础。只有具备了稳定性，才能进一步提升核心力量与爆发力，才能进一步提升运动能力。

◆ 有助于康复与减少运动损伤

许多康复训练都会加入核心稳定性训练，这是因为无论是四肢，还是躯干，在恢复的过程中，康复训练的目的不仅是增加肌肉与关节的活动性，还要在稳定的基础上进行活动，且形成动作的连续性。而稳定性和动作的连续性都离不开核心稳定。核心稳定有助于让身体或关节恢复为互相联系的运动整体，逐渐使身体恢复健康。

另外，核心稳定性训练有助于减少运动损伤。运动损伤可分为突发性的运动损伤和积累性的慢性损伤。突发性的运动损伤，有可能是热身活动没有做到位就开始运动，导致肌肉或关节产生扭伤或拉伤。导致积累性的慢性损伤的主要原因是，身体某些部位经常处于一种不正确的扭曲姿势中，并形成习惯，

久而久之，这种扭曲的姿势不仅影响运动链，还造成运动代偿，给身体带来慢性损伤，尤其是软组织损伤。软组织很容易受到感染，发生炎症，继而引发身体的保护机制。在神经系统的提醒下，肌肉的紧张感会增加，进而发生肌肉痉挛、粘连等情况，肌肉的长度和弹性都会受到影响，进而出现肌肉失衡的状况，而失衡正是诱发损伤的原因之一。

核心稳定性训练可以帮助训练者纠正各种不良姿势，使各部位肌肉与关节放松，回归原位，打造核心稳定性，提升运动功能，从而减少运动损伤的发生。

训练核心力量的益处

◆ 提升动态稳定性，降低运动风险

核心肌肉力量的提升，可以增强核心稳定性，包括静态中的稳定性与动态中的稳定性。我们的身体有时处于静止状态中，而在更多场合下它是需要处于运动状态中的。运动状态中我们更需要核心力量不断调整，以获取不断的平衡状态来保持身体平衡，降低运动风险，预防运动损伤。

◆ 使动作更加精确、有效

人体所做出的动作，或因缺乏平衡性，或因运动链中有薄弱环节，都有可能引发不良的动作模式。而优秀的核心力量，不仅可以不断调节身体的平衡感，消除不良动作带来的风险，还能将力精确地传递到相对应的骨骼与肌肉，使其产生精准的动作，确保整个动作更有效。

对于动作精准性的把控离不开练习的强度。因此，对于训练者来说，核心力量练习的进阶和降阶两个阶段就变得尤为重要。例如，之前的练习强度已经不能对训练者产生更大刺激时，那么所完成动作的标准就变得相对容易控制，导致可能达不到对该动作的有效刺激。因此，就可以使用练习的进阶，通过增加练习强度来有效地提高练习动作的难度。相反，当前的练习强度对身体产生较大刺激时，练习的降阶就能很好地降低练习的强度，使训练者可以使用正确的练习强度来刺激肌肉，从而减少肌肉耗能，以便保证动作质量，并且有效地降低肌肉受伤风险。一个好的训练计划应该采用低风险、高要求、高质量的练习方法。如何安全有效地训练，同时最大限度地避免运动损伤是训练者首先应该考虑的。

训练核心爆发力的益处

◆ 提升运动的爆发力

核心爆发力训练可以通过训练核心部位的反应机制，来帮助提升运动速度，进而提升爆发力。

决定爆发力强弱的因素有两个：一是肌肉力量的大小；二是速度的快慢。力量越大、速度越快，爆发力就会越强。因此想提升爆发力，力量与速度都必不可少，而这两者，又需要在核心部位稳定的基础上来发展。核心稳定性为爆发力的产生提供稳定的平台。

除了由主动肌发力之外，还需要协同肌协同做功、拮抗肌配合，才能保证动作高质量地完成。比如手臂做弯举时，手臂前侧的肱二头肌收缩发力，肱肌是协同肌，协同发力；手臂后侧的肱三头肌则是拮抗肌，此时是拉长的，这个拉长的反向力起到共同激活以及提升肱二头肌稳定性的作用（通过关节来实现），使主动肌肱二头肌的力量得到最大化。核心爆发力训练能提升肌肉神经的反馈系统，使拮抗肌对运动的感知与反应更敏感，在它的配合下，主

动肌获得的力量得到最大化，进而提升爆发力。

另外，弹性势能也可以提升爆发力。在弹性范围内，肌肉被拉伸得越长，就会储存越多的弹性势能，释放弹性势能时动作的爆发力就越强。身体核心区的肌肉、肌腱，同样可以利用它们的弹性势能，在旋转、转体动作（如扔铅球、掷铁饼的转髋动作，棒球运动员的挥棒转身动作等）中，充分拉长肌肉、肌腱，储存弹性势能，然后再释放，以取得好成绩。

◆ 提升爆发力的传递效率

核心爆发力训练的一个重要任务，就是提升核心肌群的做功能力，使肌群之间的衔接、整合更完美，将力的传递系统发展得更为有效，提升力的传递效率。这样身体所释放的爆发力，可以传向更远的位置，甚至是四肢末端。如果不能做到力的有效传递，即使核心肌肉锻炼得再完美，也不过是"一堆摆设"，徒有其表。

核心训练的前提姿势

进行核心训练的前提是拥有良好的姿势。只有在保证姿势正确的前提下，各种动作才能做到位，肌肉发出的力才能得到有效传递，起到有效的锻炼作用。核心训练的前提姿势就是保持脊柱中立位。

◆ 脊柱中立位

脊柱中立位指脊柱处于正确的排列方式中，且处于最佳状态，有正常的生理弯曲。脊柱中立位的外在表现就是人体处于正直站立的姿势时，双肩稍稍外展，不含胸、不塌腰、骨盆位于正中位置，没有前倾或后倾，腰部没有过度拉长，也没有拱起。从侧面看，头、肩、臀、脚踝这几个部位位于一条直线上。此时脊柱周围各肌肉都位于原本应该在的位置上，维持脊柱稳定，脊柱的生理弯曲也能恰当地起到缓冲减震的作用；骨盆在腹部、背部、臀部肌肉的控制下，保持稳定活动，对脊柱起到平衡调整作用。

相反，如果在锻炼中，尤其是在负重训练过程中，不能保持脊柱中立位很有可能因为动作的不正确导致运动损伤，尤其是慢性损伤。而在生活中不能保持脊柱中立位也会带来慢性损伤，如腰肌劳损、腰椎间盘突出等，以及不良的动作模式，从而产生代偿。

腹部主要肌肉

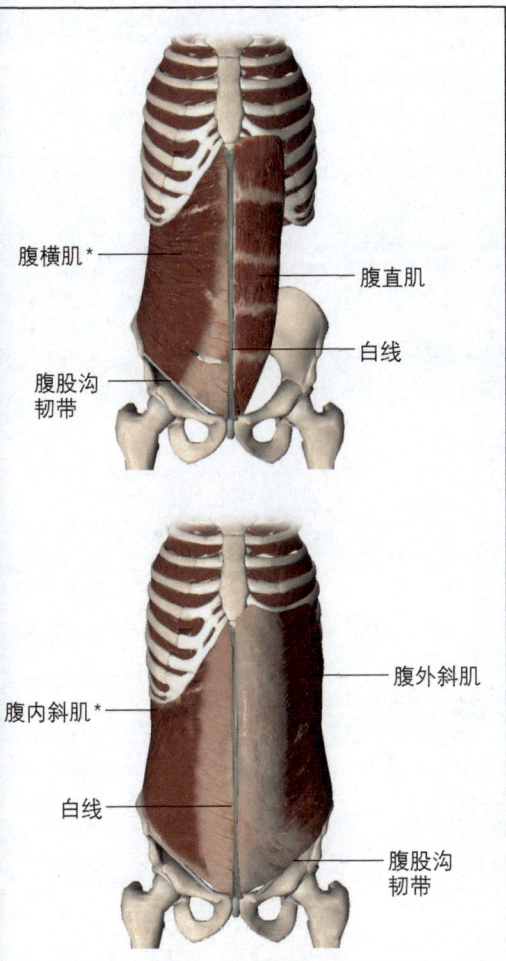

腹横肌*

腹直肌

白线

腹股沟
韧带

腹内斜肌*

腹外斜肌

白线

腹股沟
韧带

脊柱和背部主要肌肉

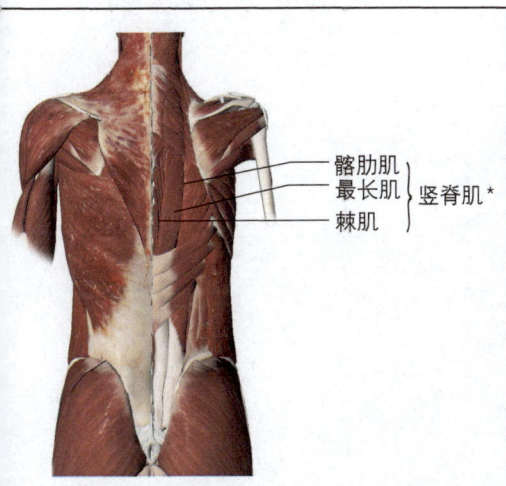

髂肋肌
最长肌 } 竖脊肌*
棘肌

骨盆与髋部主要肌肉

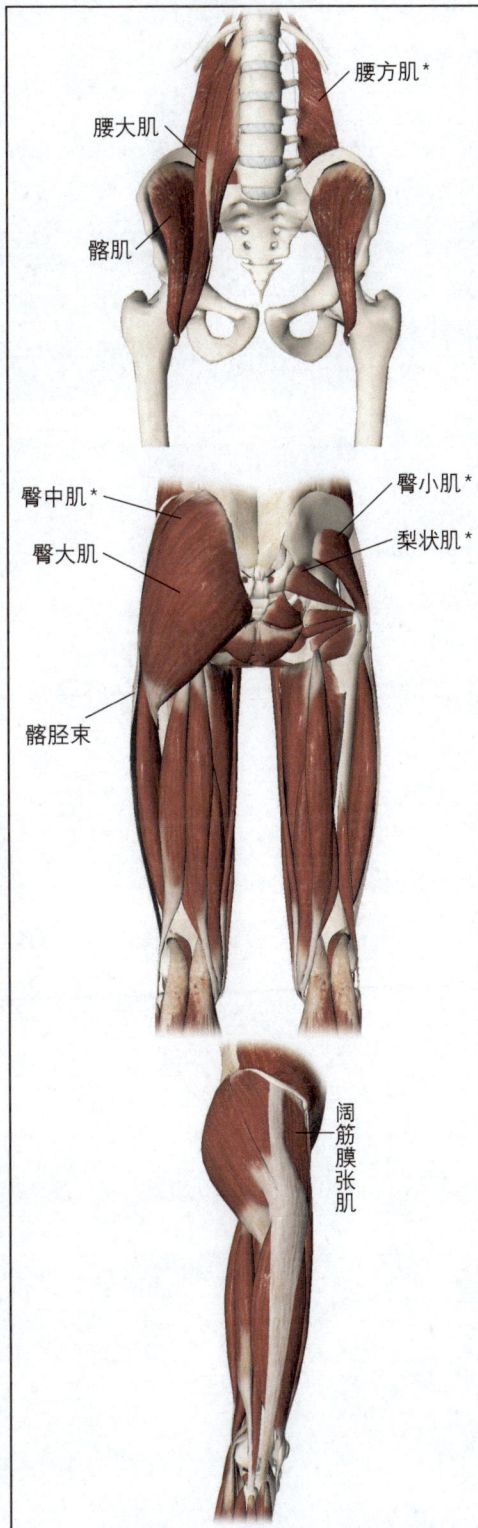

腰方肌*

腰大肌

髂肌

臀中肌*

臀大肌

臀小肌*

梨状肌*

髂胫束

阔筋膜张肌

注：*为深层肌肉

第1章

综述

02

CHAPTER TWO

第 2 章
拉伸练习

站姿体侧屈

❶ 身体呈站立姿，双脚开立略宽于肩，双臂自然垂落于身体两侧，目视前方。

❷ 左手扶腰，右臂伸直向上举过头顶。

● **避免**

上身向前弯曲

动作中屏住呼吸

● **正确做法**

全程保持核心收紧，背部挺直

锻炼目标

● 核心
● 背部

锻炼器械

● 徒手

级别

● 初级

呼吸提示

● 侧屈时呼气，还原时吸气

注意 ⚠️

● 腰背部若存在不适则不建议进行此项训练

❸ 右臂向身体左侧倾斜，身体随之向左侧弯曲，感受身体肌肉得到拉伸。保持姿势至规定时间，对侧亦然。

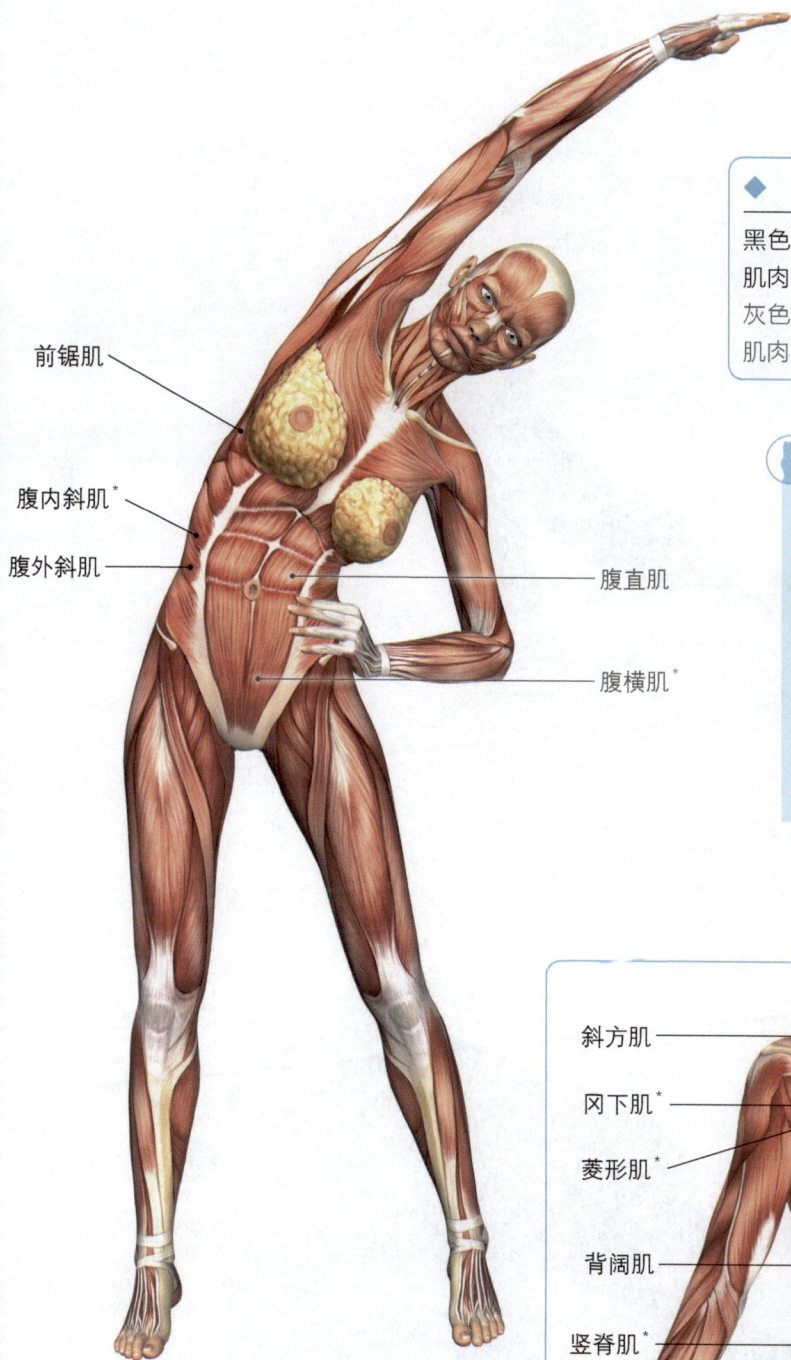

前锯肌

腹内斜肌 *

腹外斜肌

腹直肌

腹横肌 *

◆ **解析关键**

黑色字体为主要锻炼的
肌肉
灰色字体为次要锻炼的
肌肉

最佳锻炼部位

- 斜方肌
- 冈下肌 *
- 背阔肌
- 菱形肌 *
- 竖脊肌 *
- 前锯肌
- 腹内斜肌 *
- 腹外斜肌

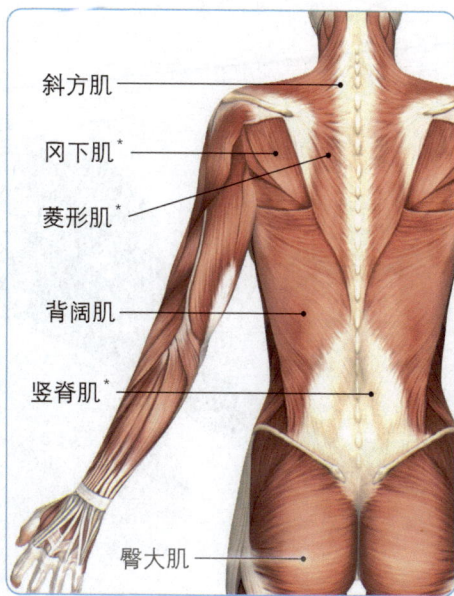

斜方肌

冈下肌 *

菱形肌 *

背阔肌

竖脊肌 *

臀大肌

侧向伸展

<table>
<tr><td>

● **避免**

憋气
身体晃动

</td><td>

● **正确做法**

躯干侧面紧贴球面
身体放松

</td></tr>
</table>

左脚侧面贴地，右脚蹬地

锻炼目标

● 背部
● 核心
● 腹部

锻炼器械

● 瑞士球

级别

● 中级

呼吸提示

● 全程均匀呼吸

注意 ⚠

● 背部存在不适则不建议
  进行此项训练

侧卧于瑞士球上，右腿在上屈髋屈膝，右脚
蹬地，左腿在下伸展。保持身体稳定，双臂
于头部斜上方。保持姿势至规定时间，换至
对侧，完成规定次数。

最佳锻炼部位

- 腹内斜肌 *
- 前锯肌
- 腹外斜肌
- 背阔肌

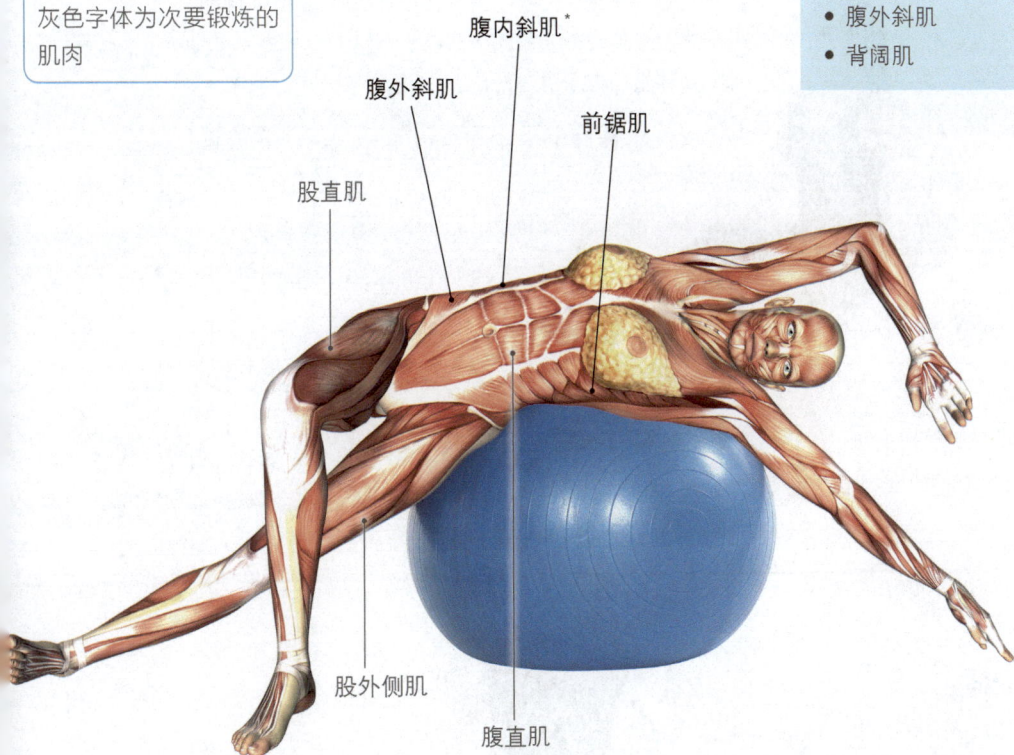

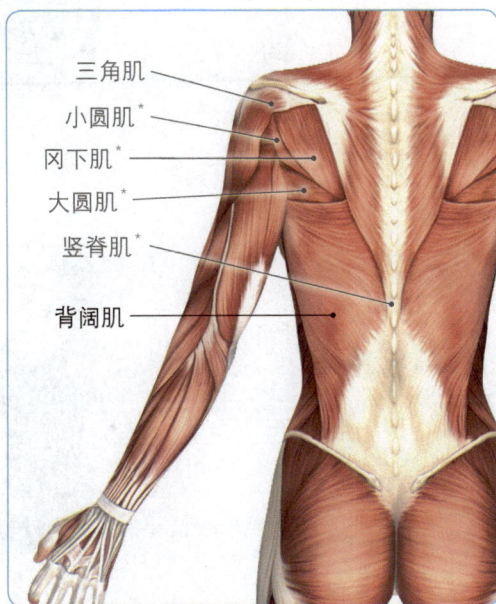

腹内斜肌 *

腹外斜肌

前锯肌

股直肌

腹直肌

股外侧肌

三角肌

小圆肌 *

冈下肌 *

大圆肌 *

竖脊肌 *

背阔肌

坐式扭转

❶ 身体呈坐姿，上身挺直，目视前方。双腿在前，膝关节微屈。双臂伸直，位于身体两侧。

锻炼目标
• 腰部
• 核心

锻炼器械
• 徒手

级别
• 初级

呼吸提示
• 全程均匀呼吸

注意 ⚠
• 腰背部存在不适则不建议进行此项训练

❷ 双腿保持不动，向右侧转动上身至目标肌肉产生拉伸感。

❸ 动作完成，恢复准备姿势，对侧亦然，完成规定次数。

• **避免**

臀部上抬，离开地面
弯腰弓背，脊柱弯曲

• **正确做法**

沿躯干中轴线转身
背部保持挺直

- 回旋肌*
- 腹外斜肌
- 腹内斜肌*
- 竖脊肌*

◆ **解析关键**

黑色字体为主要锻炼的
肌肉
灰色字体为次要锻炼的
肌肉

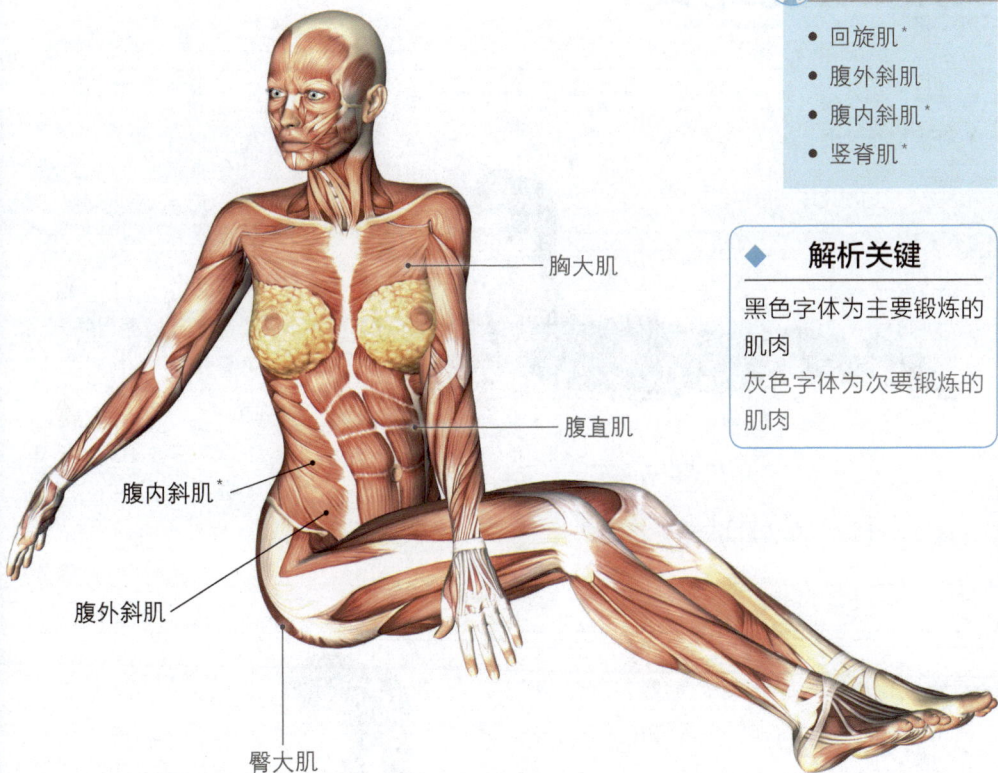

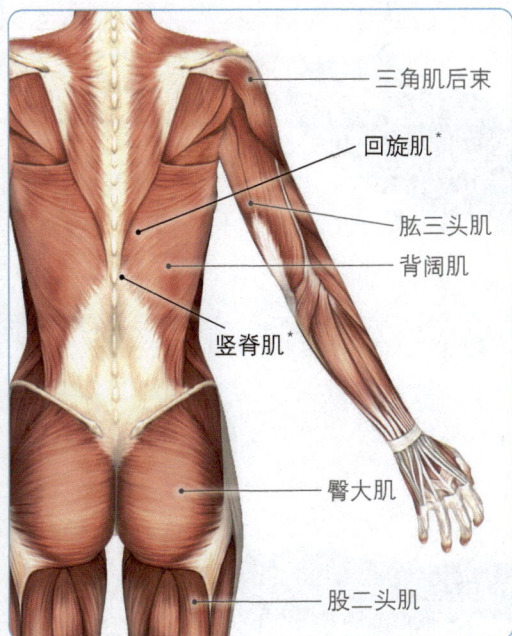

胸大肌

腹直肌

腹内斜肌*

腹外斜肌

臀大肌

三角肌后束

回旋肌*

肱三头肌

背阔肌

竖脊肌*

☀ **小提示**

运动过程中，双腿始终保持固定。

臀大肌

股二头肌

| 17 |

动态眼镜蛇式

❶ 身体呈俯卧姿，胸部靠近地面，双臂屈肘放于胸部两侧，双手支撑于地面。

- 避免

伸展幅度过大
头部过度后仰

❷ 双臂伸直推起，使胸部和肋骨最大限度地向上抬起，感受目标肌肉得到拉伸。

❸ 动作完成，恢复准备姿势，完成规定次数。

- 正确做法

肩部放松并下压

◆　**解析关键**

黑色字体为主要锻炼的
肌肉
灰色字体为次要锻炼的
肌肉

最佳锻炼部位

- 腹直肌
- 竖脊肌*

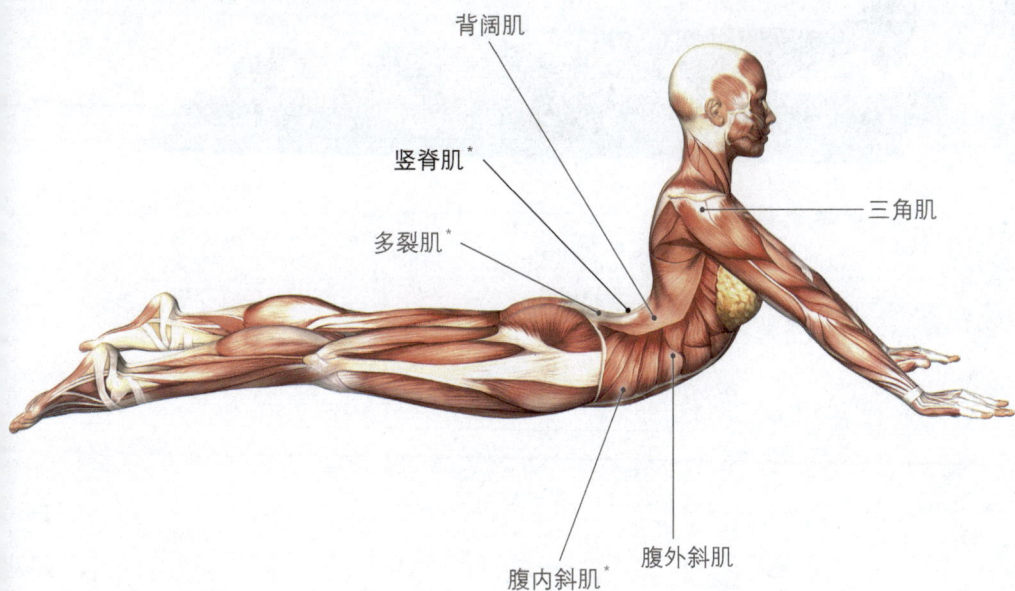

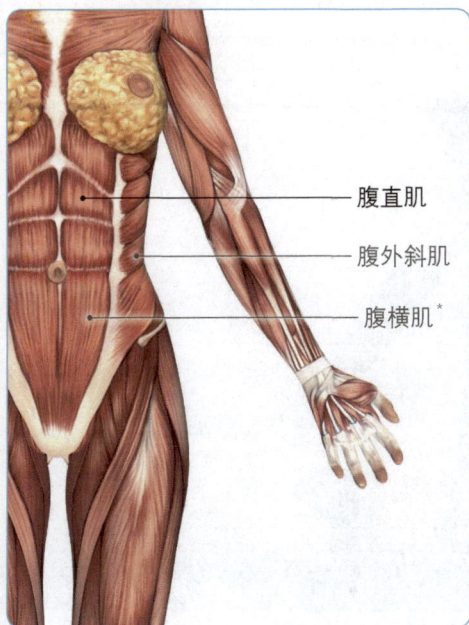

背阔肌

竖脊肌*

多裂肌*

三角肌

腹内斜肌*

腹外斜肌

腹直肌

腹外斜肌

腹横肌*

小提示

保持头部始终目视前方。

臀中肌、髂胫束拉伸

❶ 身体呈仰卧姿，将拉伸绳一端固定在左侧脚底，双手握拉伸绳另一端。右腿平放在垫面上，左腿略微抬起。

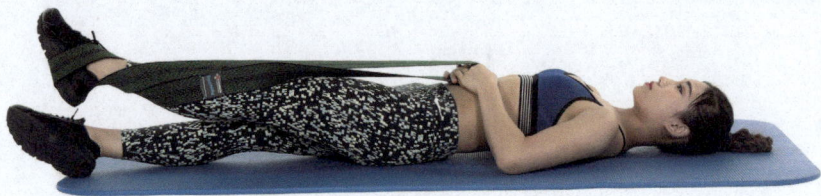

锻炼目标

- 腿部
- 臀部

锻炼器械

- 拉伸绳

级别

- 中级

呼吸提示

- 全程均匀呼吸

注意 ⚠

- 髋部存在不适则不建议进行此项训练

● 避免

双腿屈膝
背部弓起

● 正确做法

尽可能伸直双腿
核心保持固定

❷ 左腿抬起至与垫面成约90度角，向对侧肩关节方向拉伸，保持规定时间。对侧亦然，完成规定次数。

- 髂胫束*
- 臀大肌
- 半腱肌
- 股二头肌
- 臀中肌*

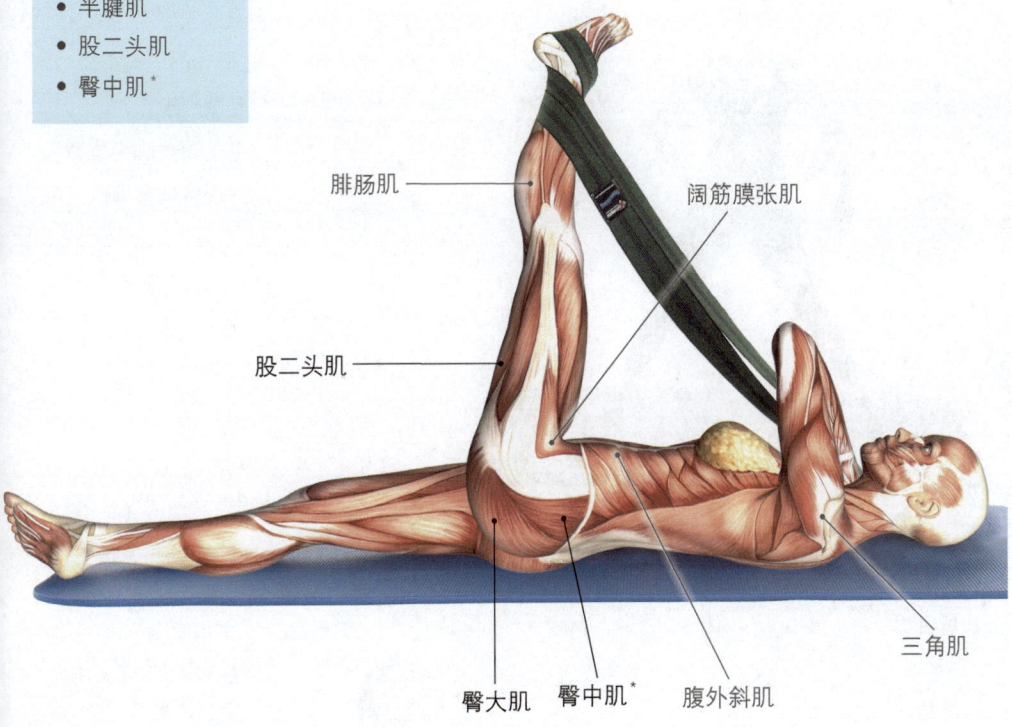

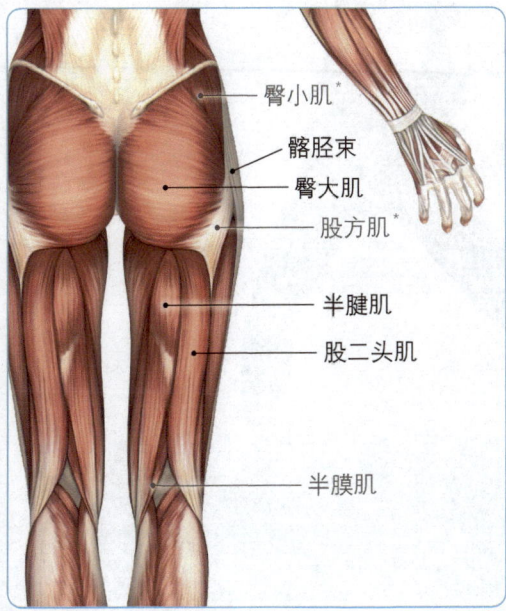

腓肠肌

阔筋膜张肌

股二头肌

臀大肌　　臀中肌*　　腹外斜肌

三角肌

臀小肌*

髂胫束

臀大肌

股方肌*

半腱肌

股二头肌

半膜肌

◆　　解析关键

黑色字体为主要锻炼的
肌肉

灰色字体为次要锻炼的
肌肉

侧弓步

❶ 身体呈站立姿，双脚间距约为两倍肩宽，脚尖向前，双手叉腰。

- **避免**

  膝盖超过脚尖位置

  背部脊柱弯曲

- **正确做法**

  背部平直

❷ 保持右腿伸直，同时左腿屈膝，髋部后坐，感受目标肌肉得到拉伸。保持动作至规定时间，对侧亦然，完成规定次数。

锻炼目标

- 大腿

锻炼器械

- 徒手

级别

- 初级

呼吸提示

- 全程均匀呼吸

注意 ⚠

- 髋部或膝关节存在不适则不建议进行此项训练

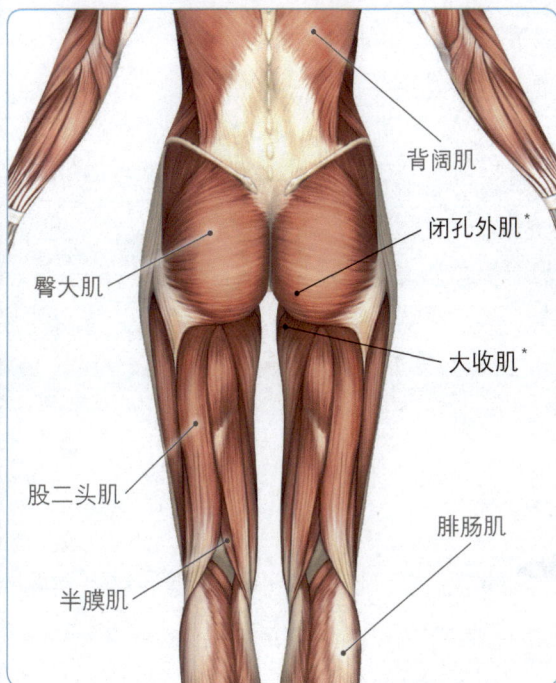

背阔肌

闭孔外肌*

大收肌*

臀大肌

股二头肌

腓肠肌

半膜肌

◆ **解析关键**

黑色字体为主要锻炼的
肌肉
灰色字体为次要锻炼的
肌肉

最佳锻炼部位

- 闭孔外肌*
- 大收肌*
- 长收肌

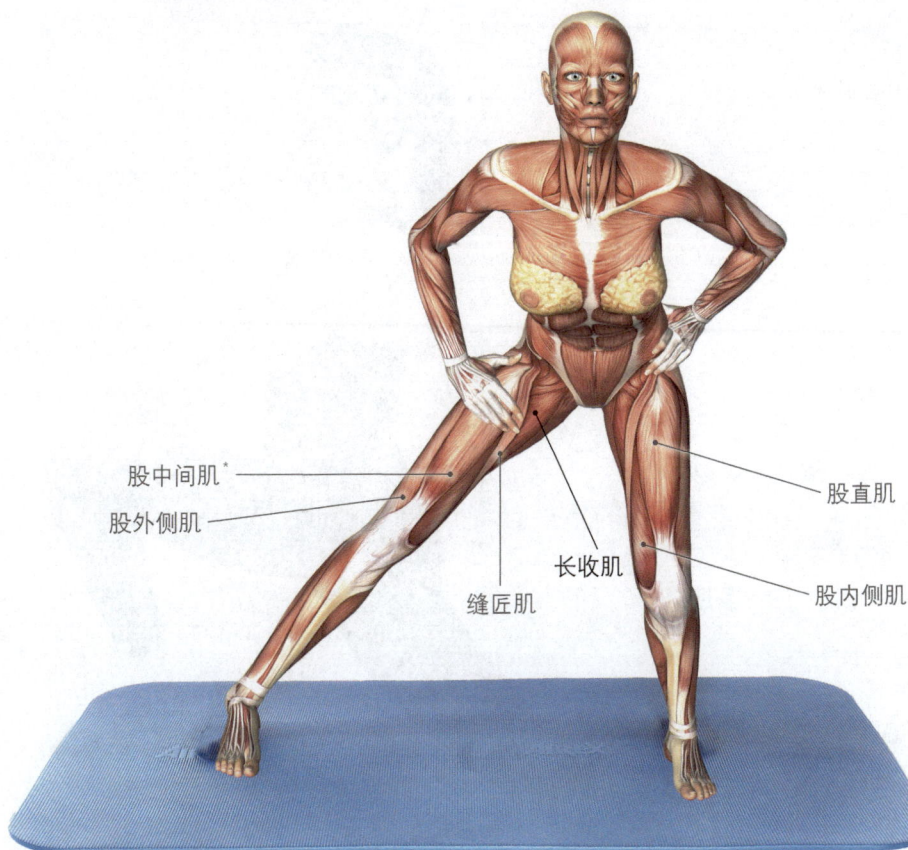

第 2 章

拉伸练习

股中间肌*

股外侧肌

缝匠肌

长收肌

股直肌

股内侧肌

跪式起跑者弓步

❶ 身体呈分腿跪姿，上身挺直，左腿屈膝约90度撑地，右腿后展跪于地面，双手扶于左侧大腿上方。

锻炼目标
- 髋部
- 大腿

锻炼器械
- 徒手

级别
- 初级

呼吸提示
- 全程均匀呼吸

注意 ⚠️
- 膝盖存在不适则不建议进行此项训练

- **避免**

  向前拉伸时膝盖超过脚尖

- **正确做法**

  双手推腿，带动拉伸

❷ 双手推动左腿向前，同时髋部向后，感受目标肌肉得到拉伸。保持姿势至规定时间，对侧亦然，完成规定次数。

最佳锻炼部位

- 髂腰肌*
- 缝匠肌
- 股内侧肌
- 股外侧肌
- 股中间肌*
- 股直肌

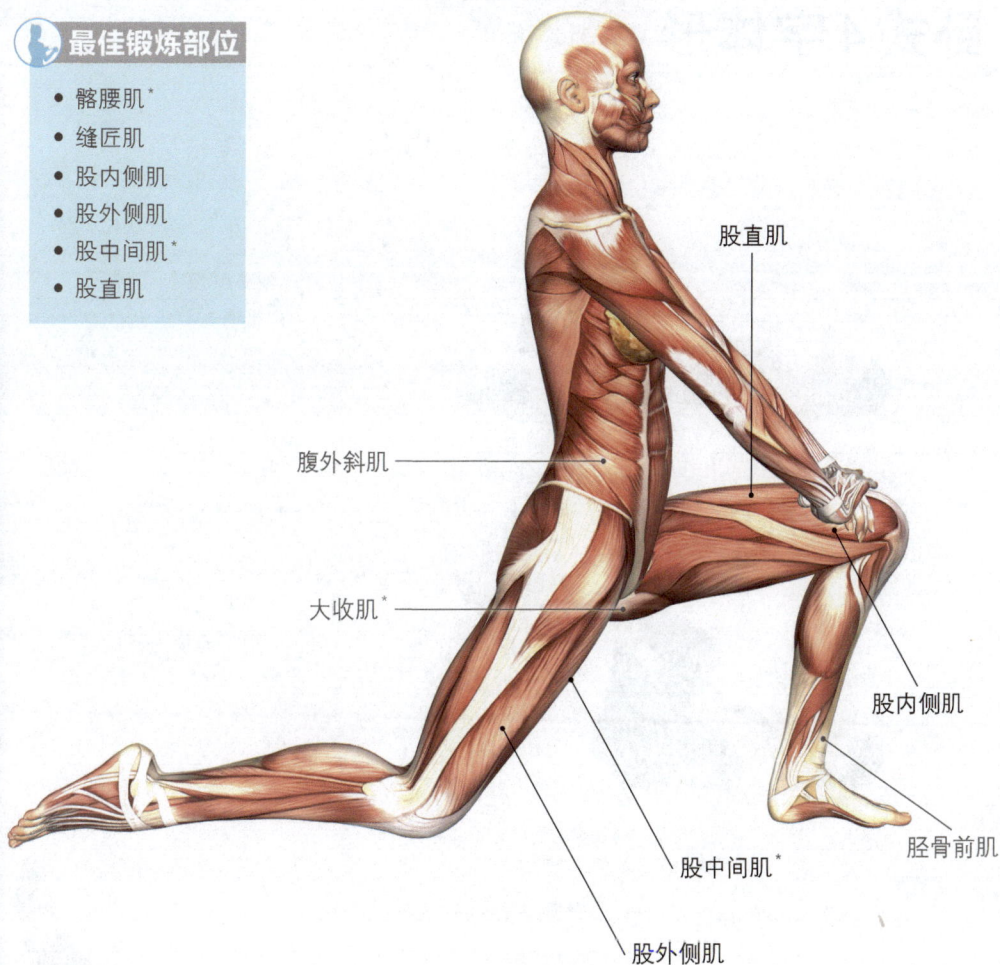

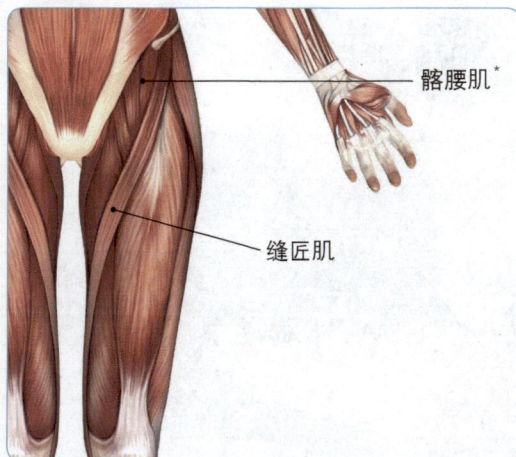

股直肌

腹外斜肌

大收肌*

股内侧肌

股中间肌*

股外侧肌

胫骨前肌

髂腰肌*

缝匠肌

◆ 解析关键

黑色字体为主要锻炼的
肌肉
灰色字体为次要锻炼的
肌肉

卧式4字体形

① 身体呈仰卧姿，双腿弯曲，右脚交叉放于左侧大腿上方，呈"4"字形，双臂伸直贴于地面。

② 双手握住左腿大腿并拉向胸部，感觉目标肌肉得到充分拉伸。

锻炼目标
- 臀部
- 背部

锻炼器械
- 徒手

级别
- 初级

呼吸提示
- 全程均匀呼吸

注意 ⚠️
- 下背部或膝盖存在不适则不建议进行此项训练

- **避免**

颈部抬离地面
强行将腿部拉向胸部

- **正确做法**

放松髋部
保持头部贴在地面

③ 保持姿势至规定时间，对侧亦然，完成规定次数。

最佳锻炼部位

- 臀小肌*
- 臀中肌*
- 臀大肌
- 竖脊肌*

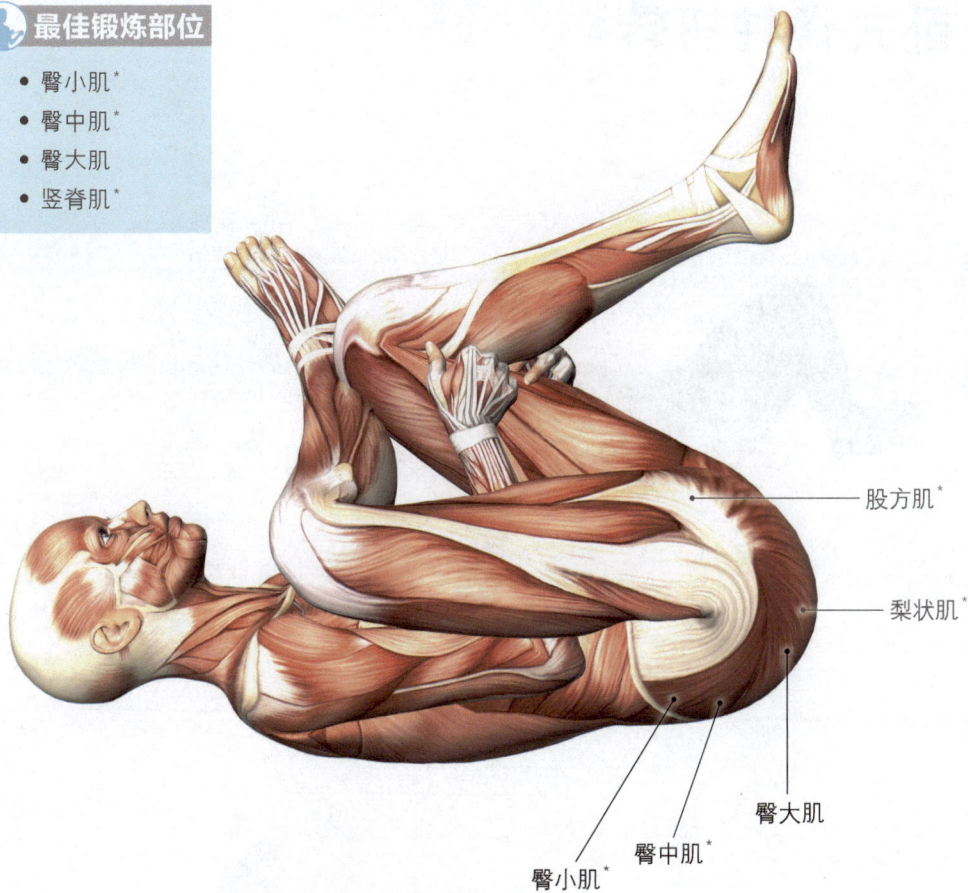

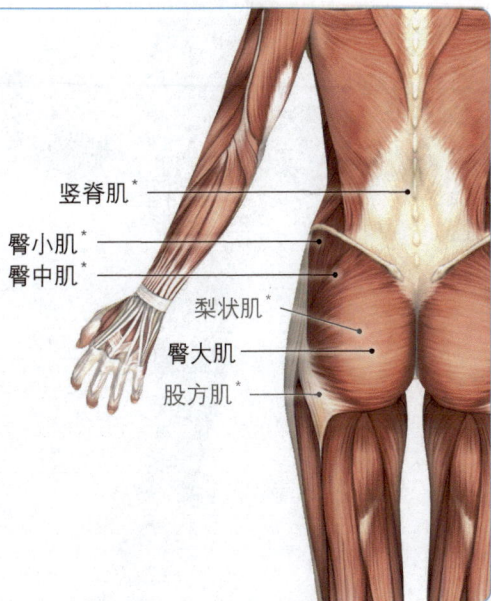

股方肌*

梨状肌*

臀大肌

臀中肌*

臀小肌*

竖脊肌*

臀小肌*
臀中肌*

梨状肌*

臀大肌

股方肌*

◆ 解析关键

黑色字体为主要锻炼的
肌肉
灰色字体为次要锻炼的
肌肉

27

卧式脊柱扭转

① 身体呈仰卧姿，双腿屈膝并拢，双臂向身体两侧伸展平放于地面上，掌心朝上。

第 2 章

拉伸练习

锻炼目标
- 臀部
- 胸部
- 背部

锻炼器械
- 徒手

级别
- 初级

呼吸提示
- 全程均匀呼吸

注意 ⚠
- 下背部存在不适则不建议进行此项训练

- **避免**
  肩部上耸

- **正确做法**
  颈部和肩部放松

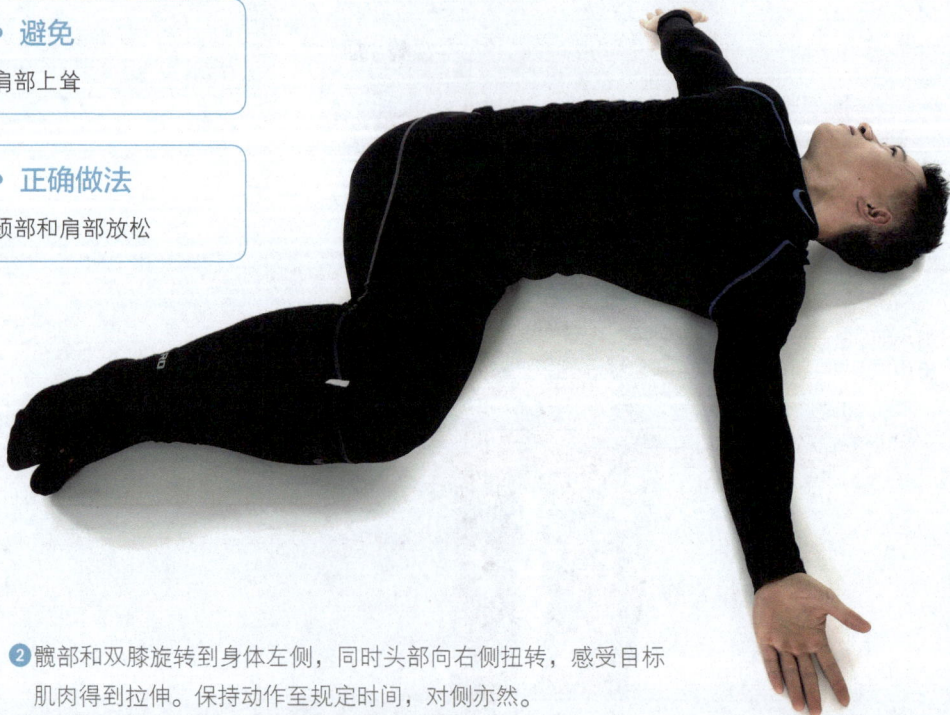

② 髋部和双膝旋转到身体左侧，同时头部向右侧扭转，感受目标肌肉得到拉伸。保持动作至规定时间，对侧亦然。

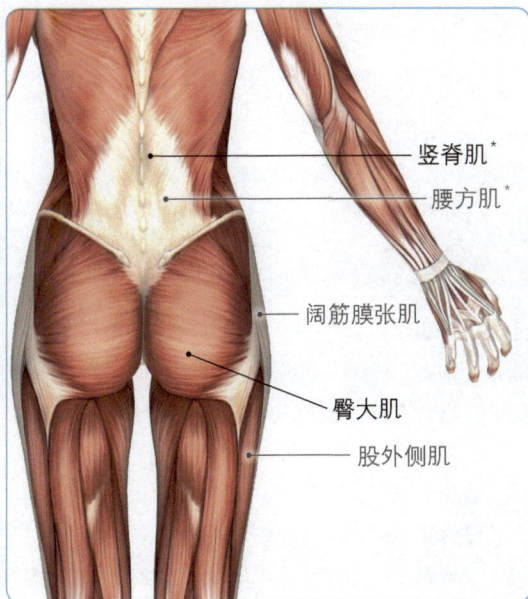

竖脊肌*

腰方肌*

阔筋膜张肌

臀大肌

股外侧肌

☀ **小提示**

尽可能保持双侧肩膀与地面接触。

◆ **解析关键**

黑色字体为主要锻炼的肌肉
灰色字体为次要锻炼的肌肉

最佳锻炼部位

- 竖脊肌*
- 臀大肌
- 胸大肌

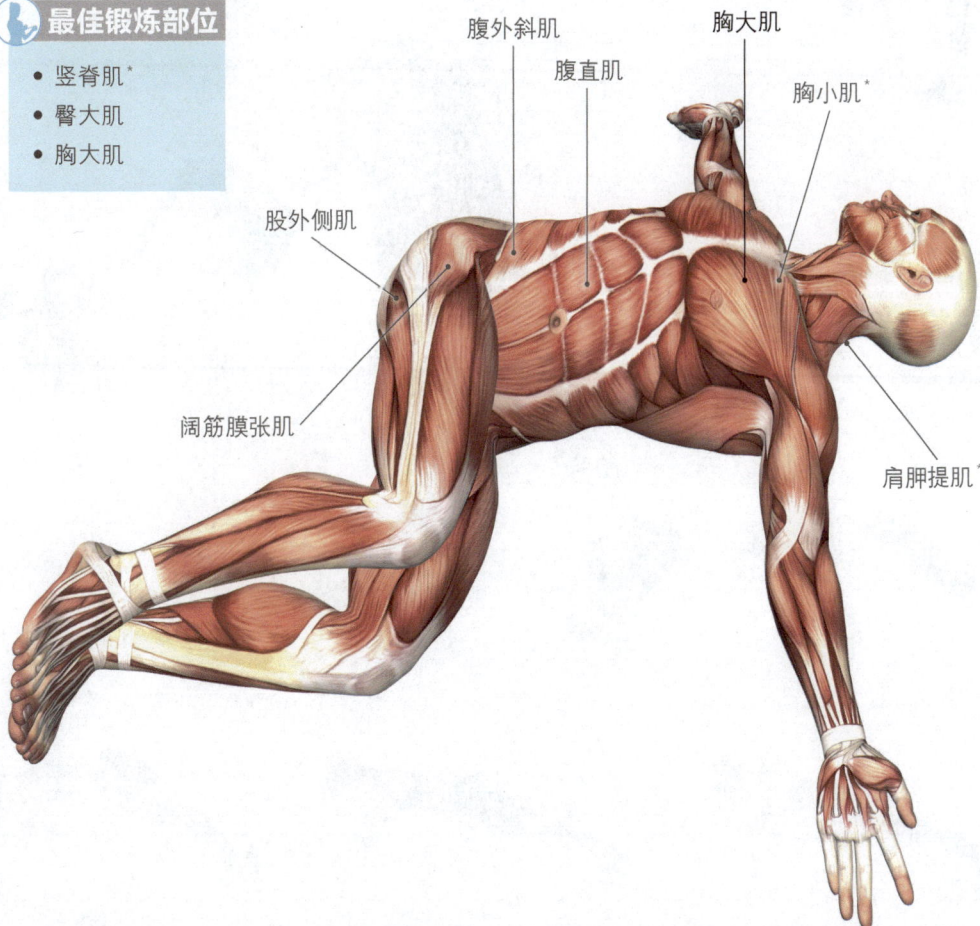

腹外斜肌

腹直肌

胸大肌

胸小肌*

股外侧肌

阔筋膜张肌

肩胛提肌*

| 29

四肢走

锻炼目标
- 大腿
- 小腿

锻炼器械
- 徒手

级别
- 初级

呼吸提示
- 全程均匀呼吸

注意 ⚠️
- 腰背部存在不适则不建议进行此项训练

- **避免**
  膝关节弯曲
  弓背

- **正确做法**
  双腿保持伸直
  核心收紧，背部平直

① 身体直立，双脚分开与肩同宽，背部挺直，目视前方。

② 屈髋弯腰，上身下俯，双臂伸直，双手撑地。

③ 保持双腿伸直状态，左手向前移动。

④ 保持上一个动作，右手继续向前移动，保持背部平直。

◆ **解析关键**

黑色字体为主要锻炼的
肌肉
灰色字体为次要锻炼的
肌肉

👤 **最佳锻炼部位**

- 腘绳肌
- 腓肠肌

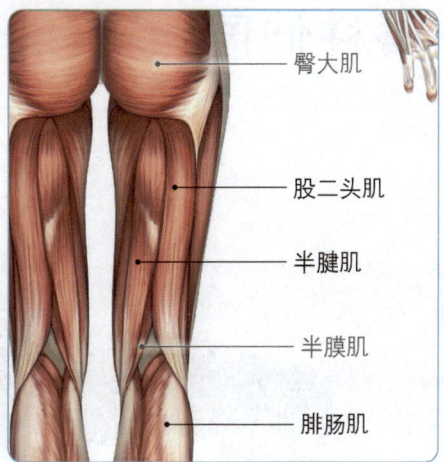

臀大肌
股二头肌
半腱肌
半膜肌
腓肠肌

5 左手继续向前移动。

6 右手随之跟进，至双手位于头部下方。

7 保持双手位置不动，左脚向双手方向
移动。

8 右脚向前跟进。

9 左脚继续向前跟进。

10 右脚向前，双脚并拢，双腿保持伸直。

11 身体恢复直立姿势。重复动作，完成
规定次数。

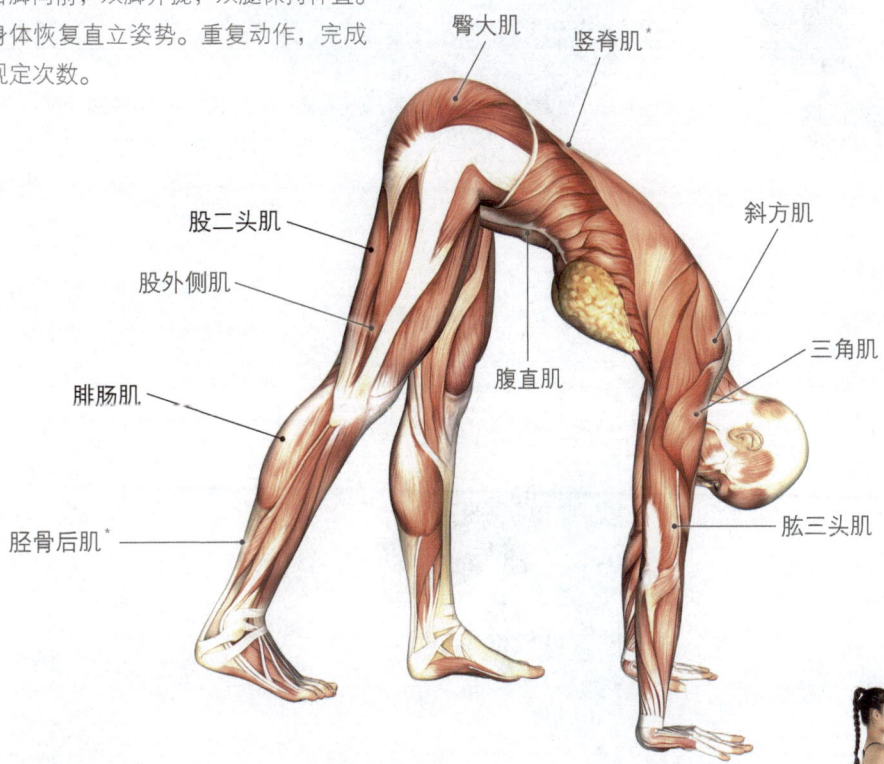

臀大肌
竖脊肌*
股二头肌
股外侧肌
斜方肌
腓肠肌
腹直肌
三角肌
胫骨后肌*
肱三头肌

31

脊柱伸展

仰卧在瑞士球上，将臀部后侧与身体背部紧贴球面，双臂置于头顶上方，自然放松，颈部放松。保持呼吸顺畅，保持动作至规定时间。

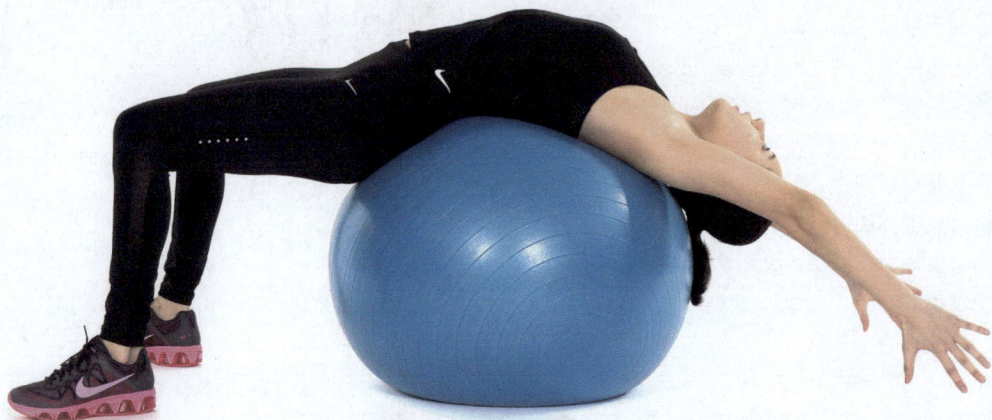

锻炼目标
- 背部
- 核心
- 胸部
- 臀部

锻炼器械
- 瑞士球

级别
- 中级

呼吸提示
- 全程均匀呼吸

注意 ⚠
- 背部若存在不适则不建议进行此项训练

● 避免

身体晃动，重心不稳

● 正确做法

双臂放松

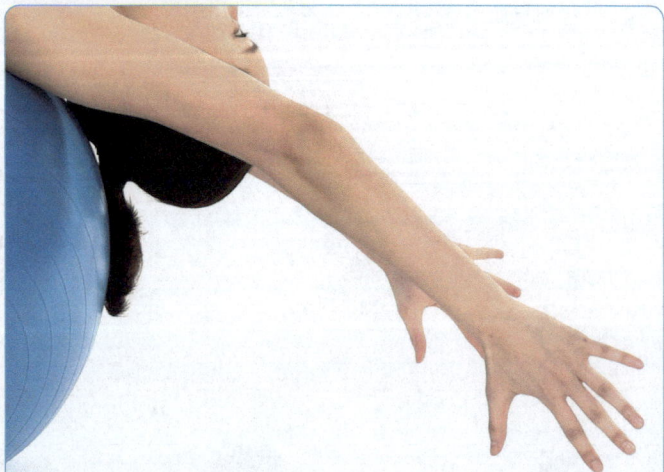

双臂伸展，五指张开

竖脊肌*

腰方肌*

臀小肌*

臀中肌*

臀大肌

半腱肌

股二头肌

半膜肌

◆　解析关键

黑色字体为主要锻炼的
肌肉
灰色字体为次要锻炼的
肌肉

最佳锻炼部位

- 背阔肌
- 腹直肌
- 胸大肌
- 前锯肌
- 三角肌
- 胸小肌*
- 阔筋膜张肌
- 竖脊肌*
- 腰方肌*
- 臀大肌
- 臀中肌*
- 臀小肌*

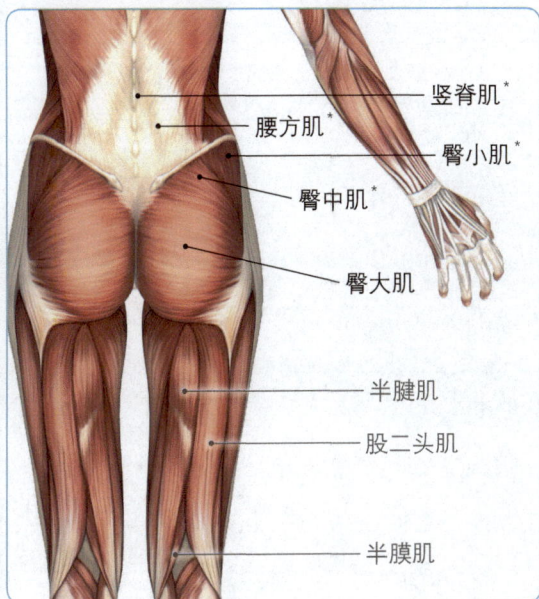

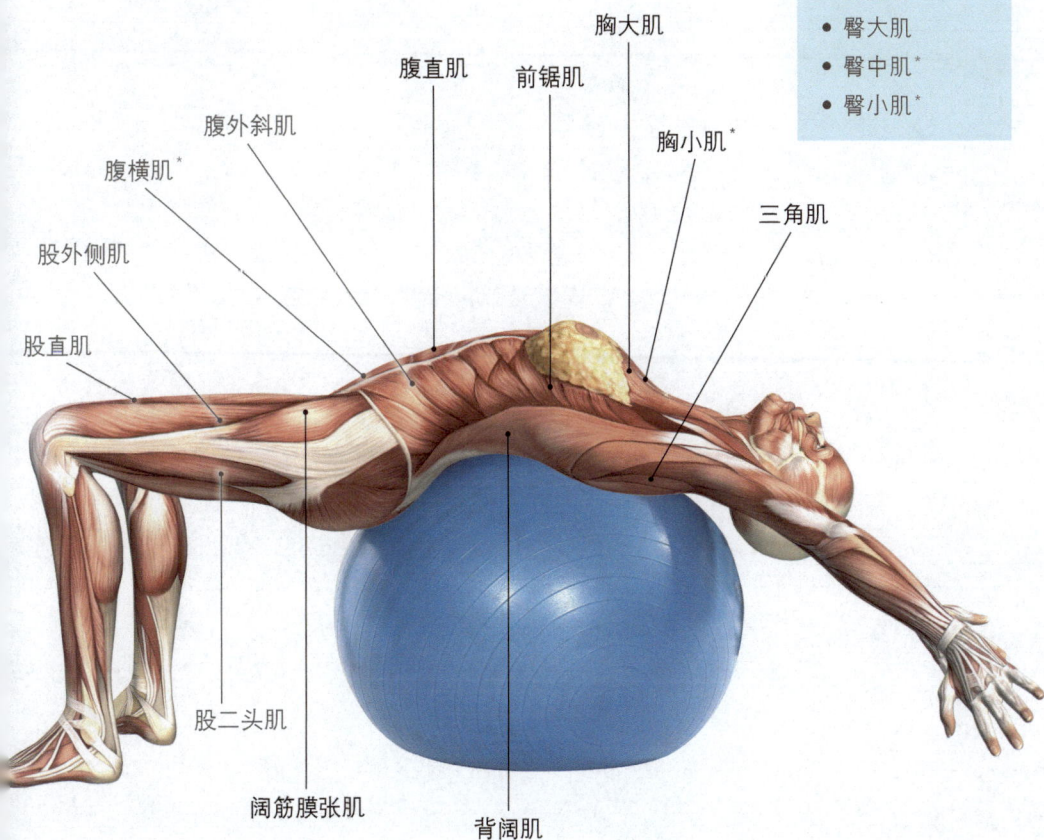

腹横肌*

腹外斜肌

腹直肌

前锯肌

胸大肌

胸小肌*

三角肌

股外侧肌

股直肌

股二头肌

阔筋膜张肌

背阔肌

03

CHAPTER THREE

第3章
核心稳定性练习

平板支撑

第3章

核心稳定性练习

- **避免**

腰部塌陷
臀部上翘

- **正确做法**

核心收紧
身体尽可能呈一条直线

锻炼目标
- 核心
- 背部

锻炼器械
- 徒手

级别
- 初级

呼吸提示
- 全程均匀呼吸

注意 ⚠️
- 肩部存在不适则不建议
  进行此项训练

45度展示图

身体呈俯卧撑姿势，双手间距与肩同宽，双臂伸直撑于肩部下方，保持背部平直，核心收紧。保持动作至规定时间。

◆ **解析关键**

黑色字体为主要锻炼的肌肉

灰色字体为次要锻炼的肌肉

最佳锻炼部位

- 腹直肌
- 竖脊肌*
- 三角肌
- 股直肌

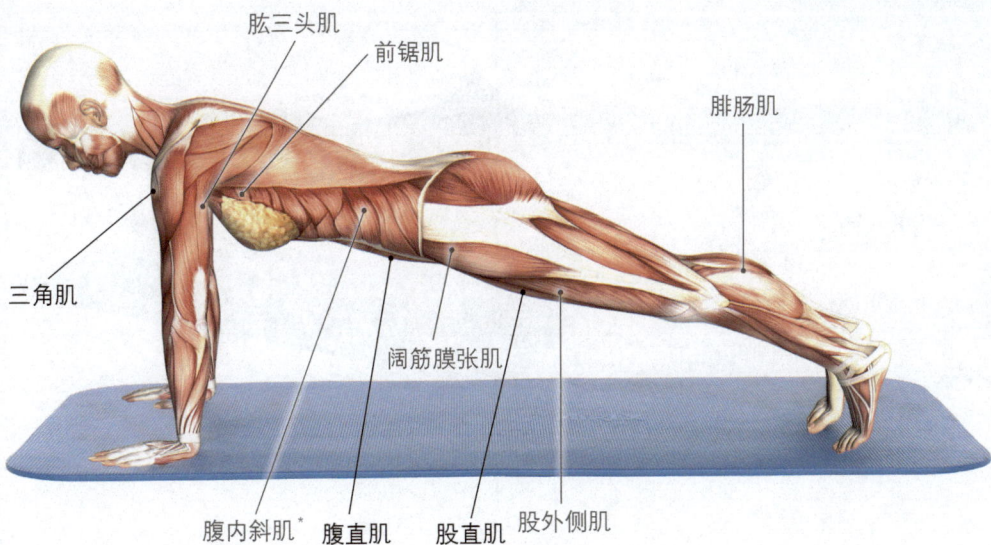

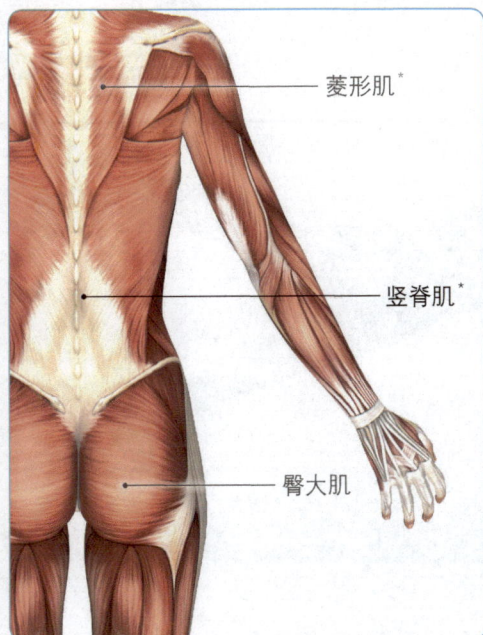

肱三头肌

前锯肌

腓肠肌

三角肌

腹内斜肌*　**腹直肌**　股直肌　股外侧肌

阔筋膜张肌

菱形肌*

竖脊肌*

臀大肌

小提示

肘关节稍稍弯曲，不要锁死。

对侧上举

锻炼目标
- 核心
- 大腿

锻炼器械
- 徒手

级别
- 中级

呼吸提示 ◑
- 全程均匀呼吸

注意 ⚠️
- 肩部或手臂若存在不适则不建议进行此项训练

- **避免**

身体重心不稳、晃动

- **正确做法**

核心收紧，背部平直
髋部处于中立位

45 度展示图

身体呈俯卧撑姿势，左臂伸直与右脚脚尖触垫支撑。保持左手位于肩部下方，另一侧手臂沿耳朵向前伸展，非支撑腿尽可能伸直且向上抬起。保持背部平直，核心收紧，支撑腿伸直。保持姿势至规定时间，对侧亦然。

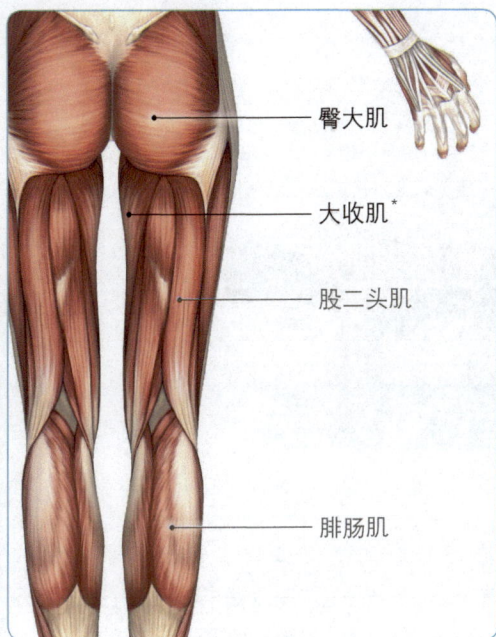

臀大肌

大收肌*

股二头肌

腓肠肌

黑色字体为主要锻炼的
肌肉
灰色字体为次要锻炼的
肌肉

最佳锻炼部位

- 腹内斜肌*
- 股直肌
- 大收肌*
- 三角肌
- 臀大肌

腹内斜肌*

臀大肌   股二头肌

腓肠肌

三角肌

腹直肌

股直肌

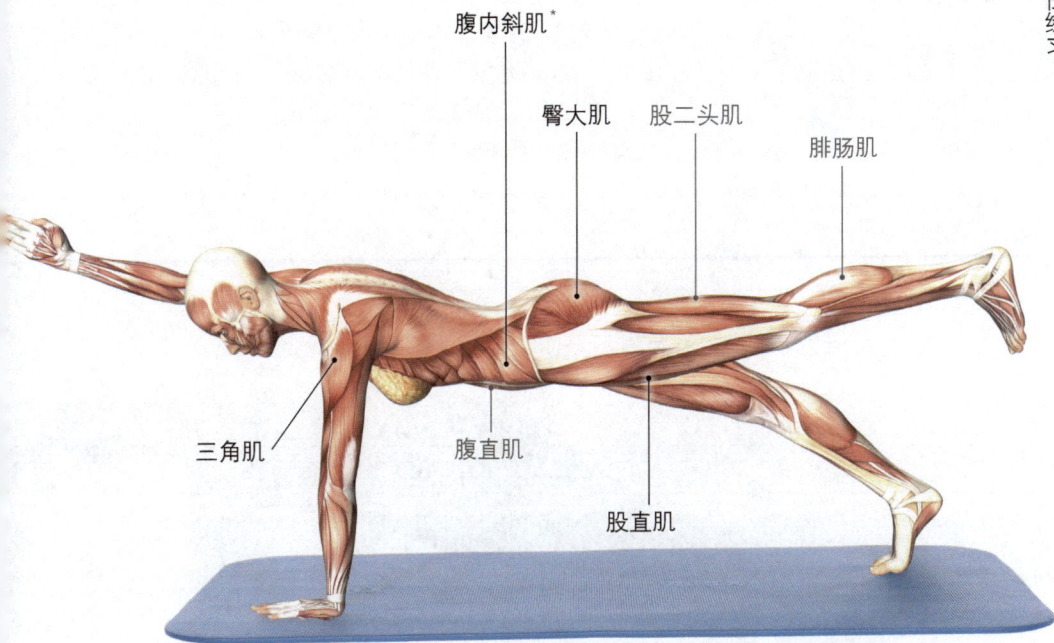

平板支撑转体

① 身体呈俯卧撑姿势，双腿分开，脚尖撑地，双臂屈肘撑于肩部下方。背部平直，核心收紧。

锻炼目标
- 核心

锻炼器械
- 徒手

级别
- 中级

呼吸提示
- 全程均匀呼吸

注意 ⚠
- 肩部若存在不适则不建议进行此项训练

- **避免**

  身体过度紧张，不能向两侧转体

- **正确做法**

  保持伸直手与支撑手呈一条直线躯干稳定，核心收紧，背部平直

② 左臂撑地，身体整体旋转，右臂伸直向上与左上臂呈一条直线，目视右手方向。保持姿势至规定时间，完成规定次数，对侧亦然。

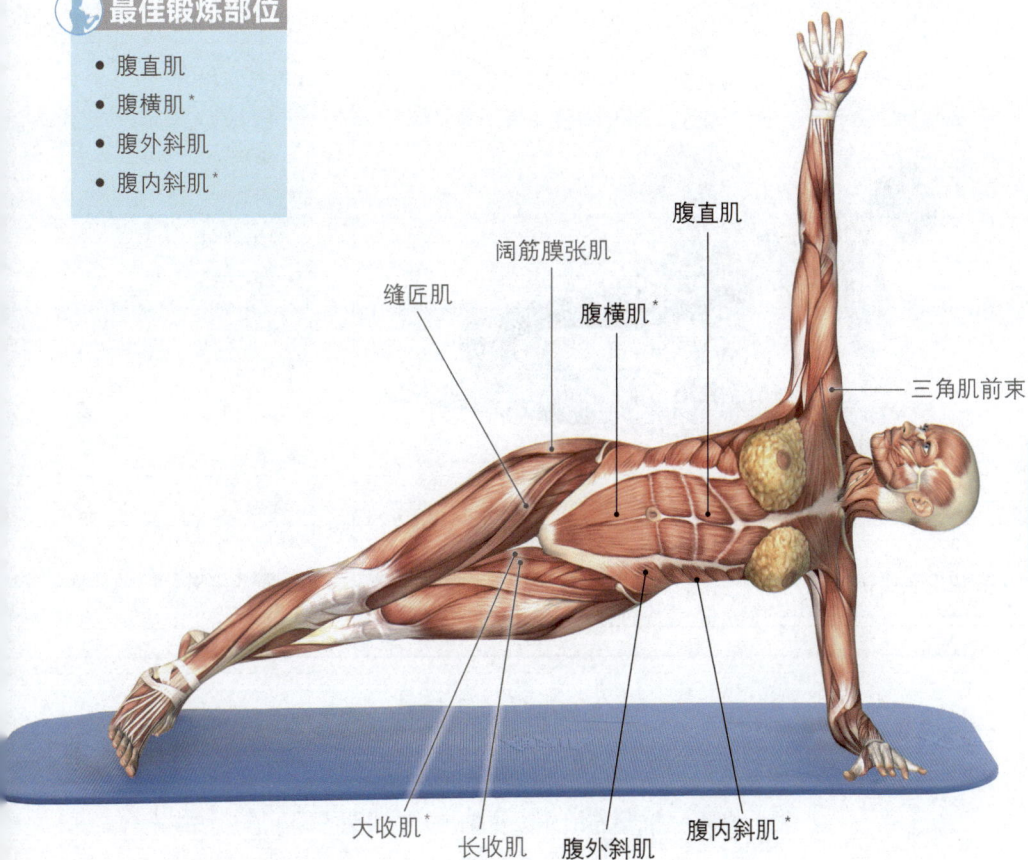

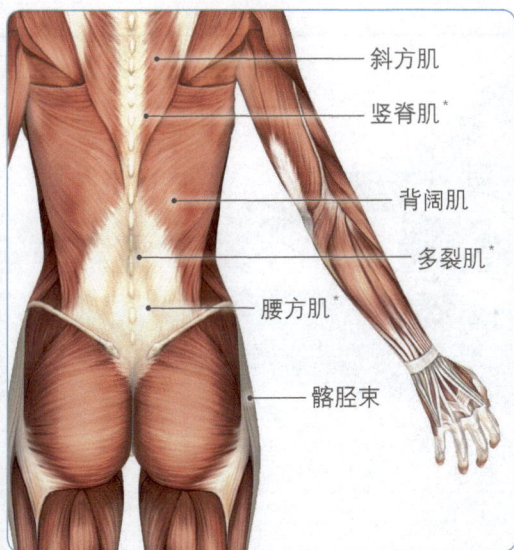

阔筋膜张肌

缝匠肌

腹横肌*

腹直肌

三角肌前束

大收肌*

长收肌

腹外斜肌

腹内斜肌*

斜方肌

竖脊肌*

背阔肌

多裂肌*

腰方肌*

髂胫束

◆ 解析关键

黑色字体为主要锻炼的
肌肉
灰色字体为次要锻炼的
肌肉

动态前屈髋

❶ 身体呈俯卧撑姿，双臂伸直支撑于肩部下方，背部平直，核心收紧。双手距离略大于肩宽，双脚并拢支撑于垫面。

• **避免**
背部发生偏转

• **正确做法**
核心收紧，背部平直
保持核心稳定

❷ 左腿屈髋屈膝向上抬起至腹部下方，动作完成恢复准备姿势，换至对侧。完成规定次数。

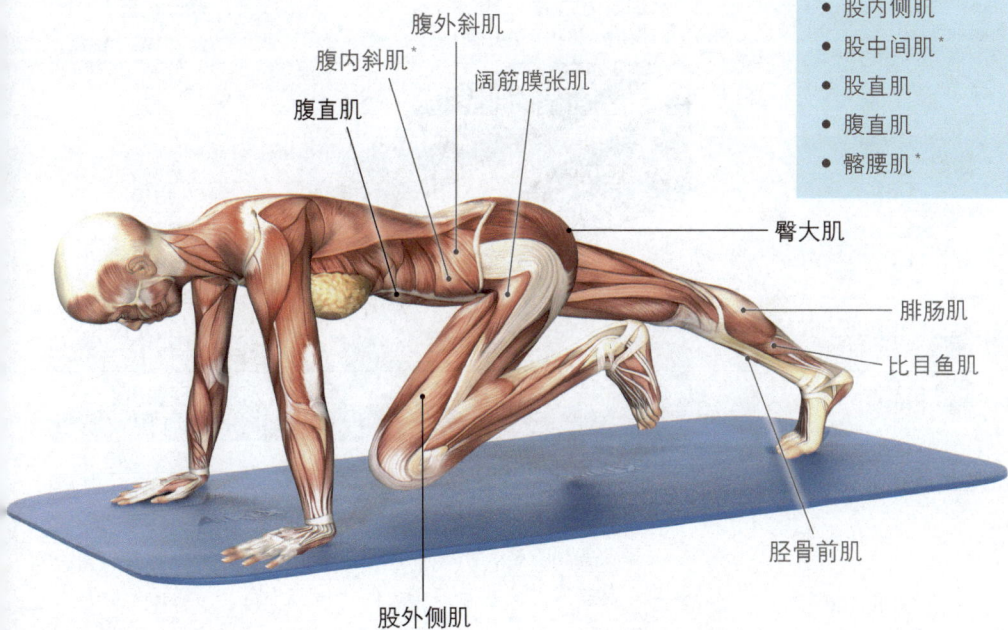

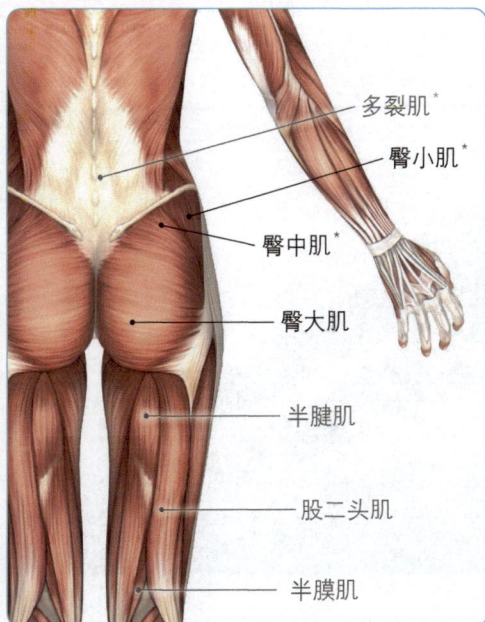

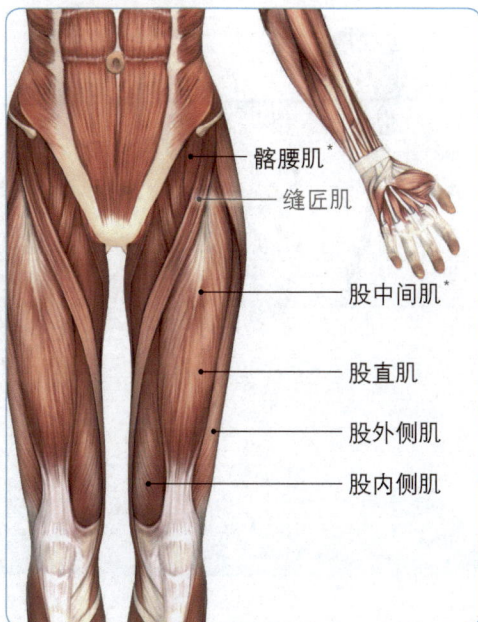

腹外斜肌

腹内斜肌*

阔筋膜张肌

腹直肌

臀大肌

腓肠肌

比目鱼肌

胫骨前肌

股外侧肌

多裂肌*

臀小肌*

臀中肌*

臀大肌

半腱肌

股二头肌

半膜肌

髂腰肌*

缝匠肌

股中间肌*

股直肌

股外侧肌

股内侧肌

侧平板支撑

锻炼目标
- 核心
- 背部

锻炼器械
- 徒手

级别
- 初级

呼吸提示
- 全程均匀呼吸

注意 ⚠️
- 肩部或背部存在不适则不建议进行此项训练

- **避免**
  髋部下沉
  肩部压力过大

- **正确做法**
  身体尽可能呈一条直线
  核心收紧，背部平直

双脚并拢

身体呈侧卧姿，双脚并拢，右脚支撑于垫面，右臂伸直支撑于肩部下方，左手扶腰。保持背部平直，核心收紧。身体尽可能呈一条直线，保持姿势至规定时间，对侧亦然。

- 三角肌
- 腹横肌[*]
- 竖脊肌[*]
- 腹直肌

变式练习

身体呈侧卧姿，双脚前后分开支撑于垫面，右臂伸直支撑于肩部下方，左手扶腰。保持背部平直，核心收紧。身体尽可能呈一条直线，保持姿势至规定时间，对侧亦然。

腹直肌

腹横肌[*]　阔筋膜张肌

缝匠肌

股外侧肌

三角肌

腓肠肌

比目鱼肌

腹外斜肌

尺侧腕屈肌

腹内斜肌[*]　耻骨肌　长收肌

斜方肌

背阔肌

竖脊肌[*]

腰方肌[*]

◆　解析关键

黑色字体为主要锻炼的肌肉

灰色字体为次要锻炼的肌肉

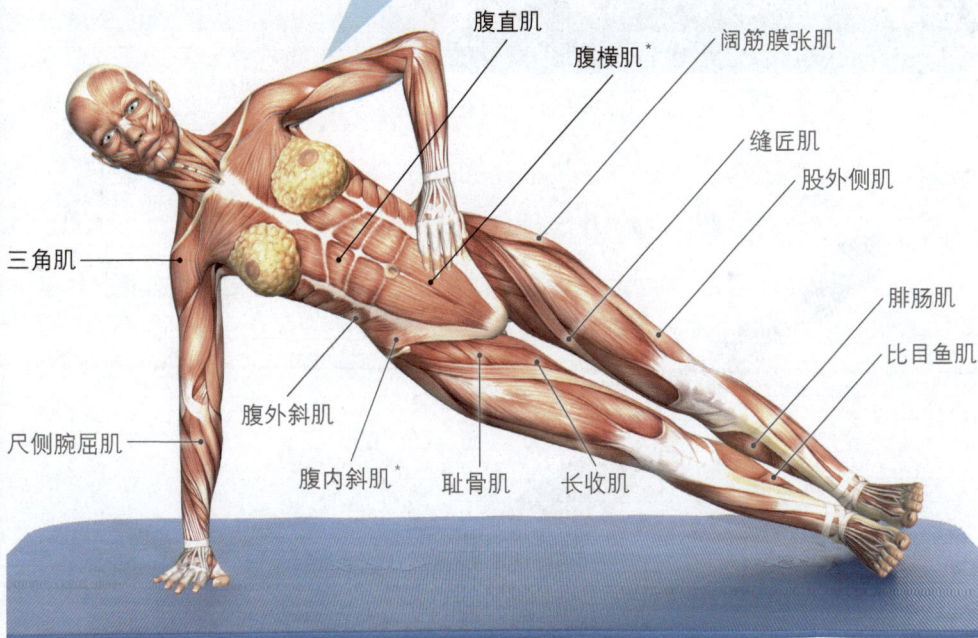

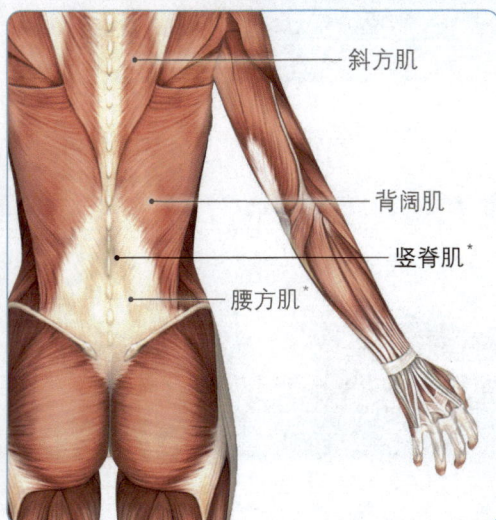

直膝髋外展

❶ 身体呈侧卧姿，头部枕于左臂，右手扶住髋部外侧，双腿伸直。

❷ 保持身体稳定，同时髋部外侧肌群发力将右腿抬起，保持1~2秒。

锻炼目标
- 臀部
- 大腿
- 核心

锻炼器械
- 徒手

级别
- 初级

呼吸提示
- 全程均匀呼吸

注意 ⚠
- 髋部若存在不适则不建议进行此项训练

- **避免**

  双腿膝关节弯曲
  身体晃动

- **正确做法**

  抬起腿在一个平面内运动

❸ 动作完成，恢复准备姿势，完成规定次数，对侧亦然。

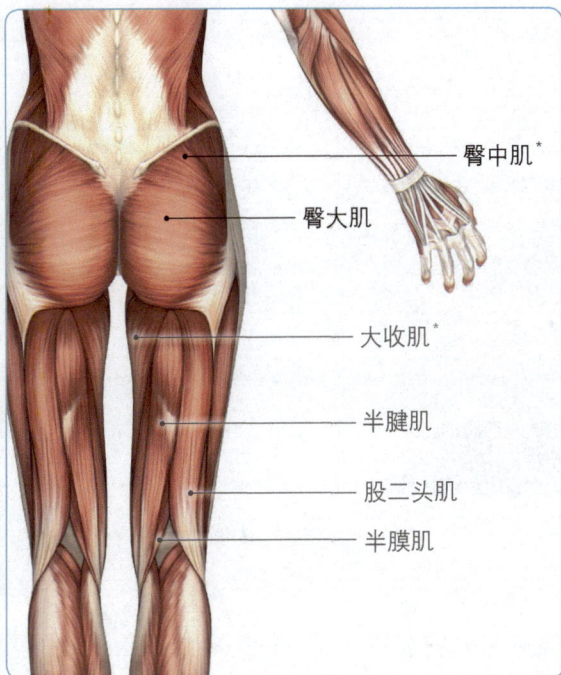

臀中肌 *

臀大肌

大收肌 *

半腱肌

股二头肌

半膜肌

◆ **解析关键**

黑色字体为主要锻炼的
肌肉
灰色字体为次要锻炼的
肌肉

🧍 **最佳锻炼部位**

- 腹内斜肌 *
- 腹直肌
- 腹外斜肌
- 腹横肌 *
- 臀大肌
- 臀中肌 *

第3章

核心稳定性练习

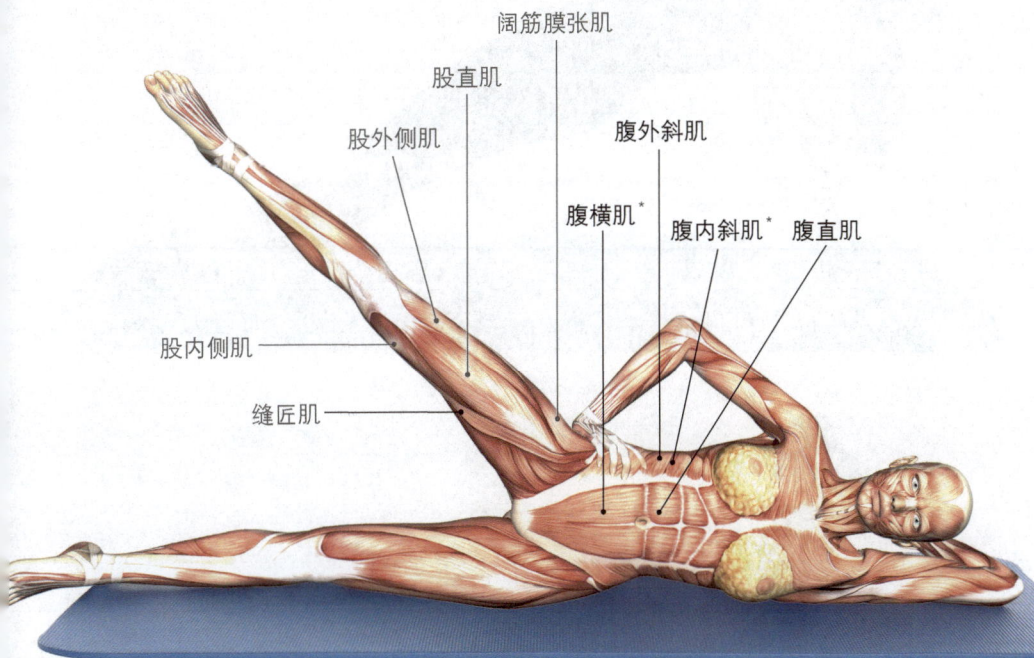

阔筋膜张肌

股直肌

股外侧肌

腹外斜肌

腹横肌 *

腹内斜肌 *

腹直肌

股内侧肌

缝匠肌

反式平板

① 身体呈坐姿，双腿向前伸直，双脚并拢，脚背绷直。双手撑于身体后，手指指向身体方向。

锻炼目标
- 大腿
- 核心
- 臀部

锻炼器械
- 徒手

级别
- 中级

呼吸提示
- 全程均匀呼吸

注意 ⚠
- 肩部若存在不适则不建议进行此项训练

② 将髋部向上抬起，使踝、膝、髋、躯干与肩部尽可能呈一条直线。

③ 缓慢恢复至准备姿势，完成规定次数。

● 避免

弯腰驼背
腰部反弓

● 正确做法

支撑时保持肩部位于双手上方，脚背绷直

48

腹横肌*

股中间肌*

腹直肌

股直肌

股内侧肌

竖脊肌

股外侧肌

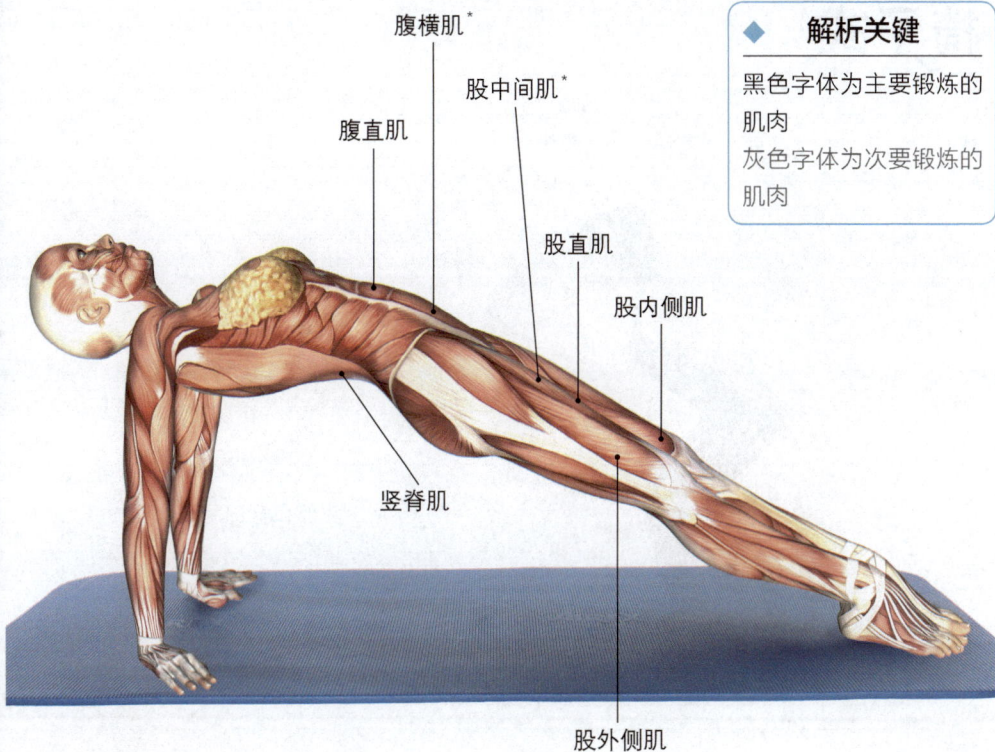

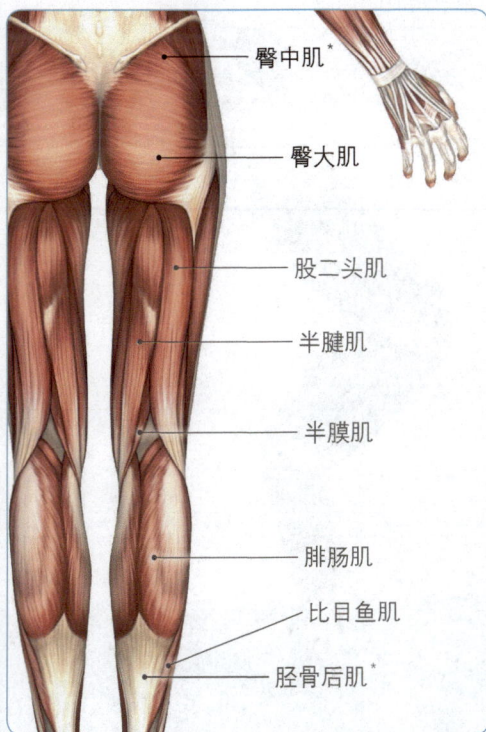

臀中肌*

臀大肌

股二头肌

半腱肌

半膜肌

腓肠肌

比目鱼肌

胫骨后肌*

最佳锻炼部位

- 三角肌
- 臀大肌
- 股外侧肌
- 股内侧肌
- 股直肌
- 股中间肌*
- 腹横肌*
- 腹直肌
- 臀中肌*
- 竖脊肌*

第 3 章

核心稳定性练习

椅子式

❶ 屈髋屈膝，背部挺直，双臂伸直与背部平行。

● **避免**

膝盖超过脚尖

● **正确做法**

头部和背部尽可能呈一条
直线

❷ 保持双腿屈膝，双臂伸直举过
头顶，保持动作至规定时间。

锻炼目标

● 小腿
● 臀部
● 双臂
● 大腿

锻炼器械

● 徒手

级别

● 初级

呼吸提示

● 全程均匀呼吸

注意

● 下背部若存在不适则不
建议进行此项训练

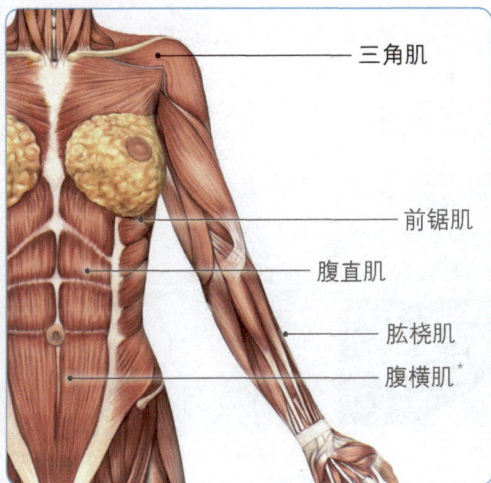

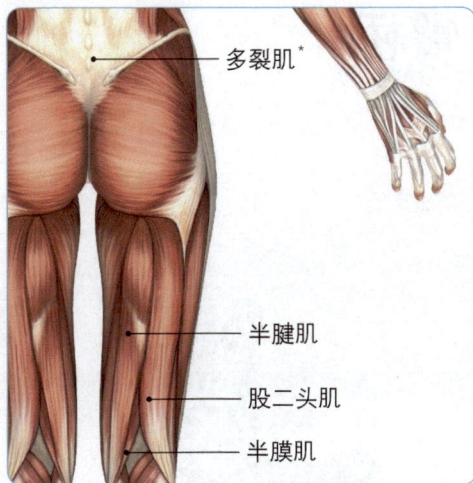

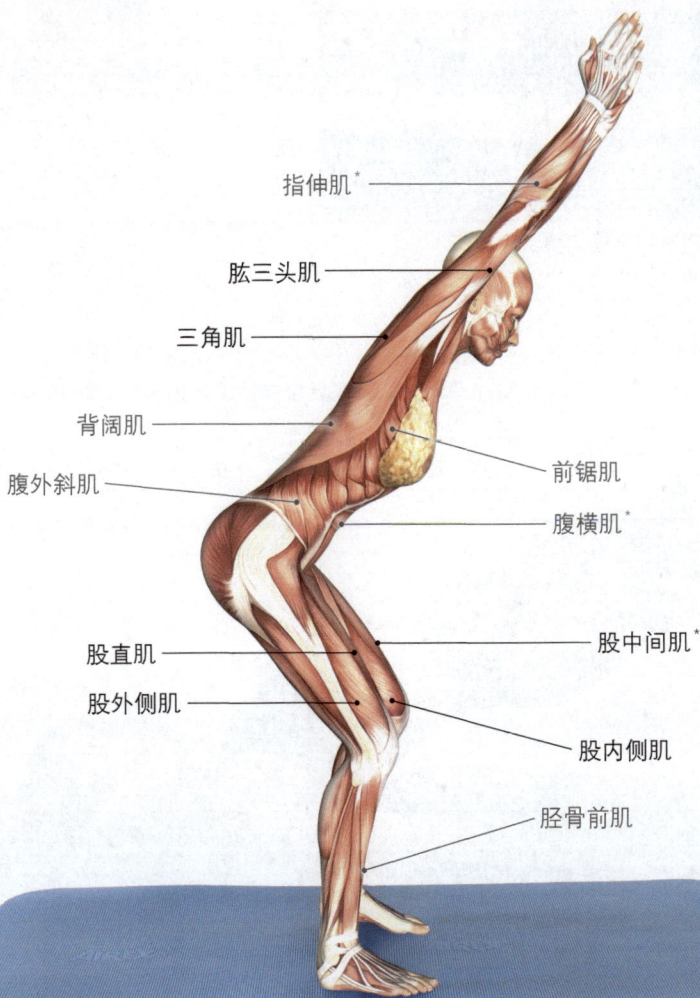

三角肌

多裂肌*

前锯肌

腹直肌

肱桡肌

腹横肌*

半腱肌

股二头肌

半膜肌

指伸肌*

肱三头肌

三角肌

背阔肌

腹外斜肌

前锯肌

腹横肌*

股直肌

股外侧肌

股中间肌*

股内侧肌

胫骨前肌

◆ **解析关键**

黑色字体为主要锻炼的
肌肉

灰色字体为次要锻炼的
肌肉

最佳锻炼部位

- 三角肌
- 肱三头肌
- 股外侧肌
- 股内侧肌
- 股中间肌*
- 股直肌
- 半腱肌
- 半膜肌
- 股二头肌
- 多裂肌*

臀桥

• **避免**	• **正确做法**
脚跟离地	核心收紧，脚尖抬起

锻炼目标
- 臀部
- 大腿

锻炼器械
- 徒手

级别
- 初级

呼吸提示
- 全程均匀呼吸

注意 ⚠
- 髋部若存在不适则不建议进行此项训练

双脚脚跟点地，双手掌心朝下贴于瑜伽垫上

身体呈仰卧姿，双臂自然放于身体两侧，屈髋屈膝，脚尖勾起。臀部收紧抬起髋部，直至肩、上身、髋和膝尽可能在一条直线上，保持1~2秒放下，完成规定次数。

- 臀大肌
- 臀小肌*
- 臀中肌*
- 半腱肌
- 半膜肌
- 股二头肌
- 竖脊肌*

变式练习

身体平躺，双手掌心向下平放于身体两侧，一只脚脚跟撑于垫面，另一条腿伸直向上。臀部收紧，保持姿势至规定时间。

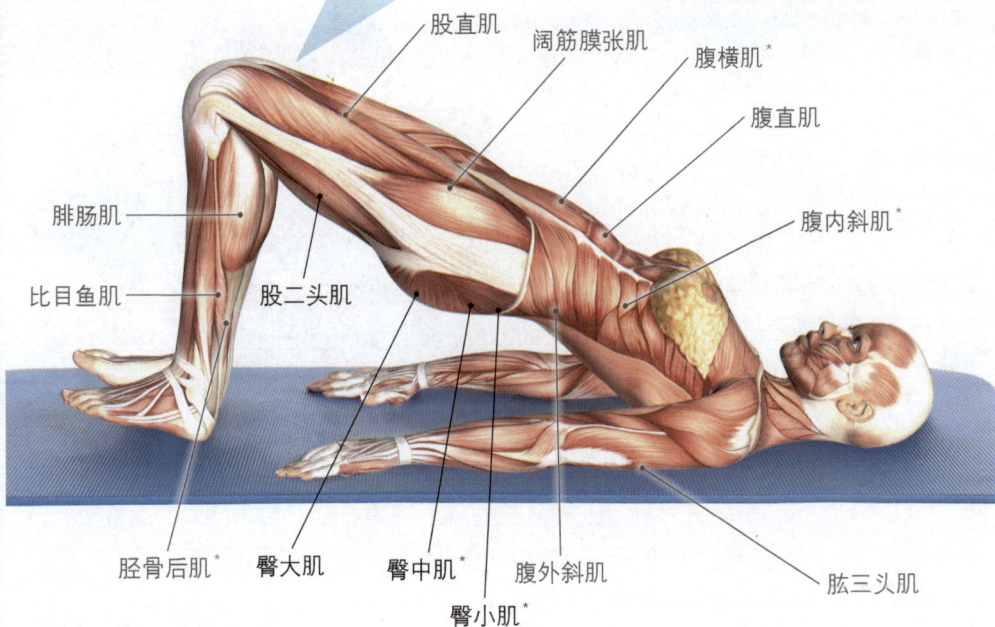

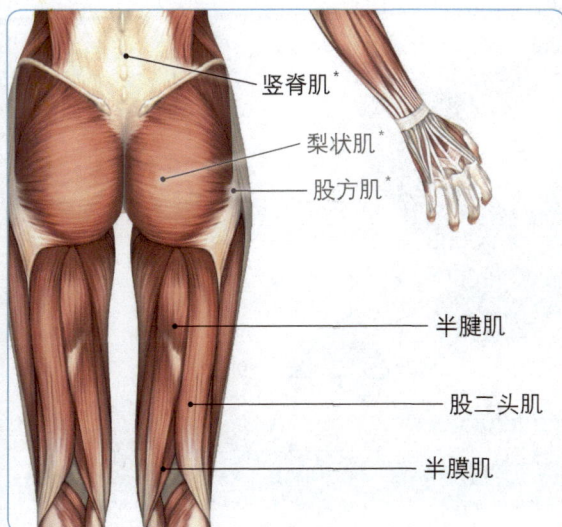

股直肌

阔筋膜张肌

腹横肌*

腹直肌

腹内斜肌*

腓肠肌

比目鱼肌

股二头肌

胫骨后肌*

臀大肌

臀中肌*

臀小肌*

腹外斜肌

肱三头肌

第3章

核心稳定性练习

竖脊肌*

梨状肌*

股方肌*

半腱肌

股二头肌

半膜肌

◆ 解析关键

黑色字体为主要锻炼的肌肉
灰色字体为次要锻炼的肌肉

军步屈髋

锻炼目标
- 臀部
- 大腿

锻炼器械
- 徒手

级别
- 中级

呼吸提示
- 挺髋时呼气，还原时吸气

注意 ⚠
- 肩部若存在不适则不建议进行此项训练

- **避免**

支撑腿晃动

- **正确做法**

挺髋过程中支撑腿膝和脚尖方向一致

45度展示图

身体呈仰卧姿，双臂自然放于身体两侧，屈膝，脚尖勾起，臀部收紧抬起髋部，直至肩、上身、髋和膝尽可能在一条直线上。左腿屈髋屈膝抬起，保持身体稳定至规定时间，完成规定次数，对侧亦然。

- 臀大肌
- 臀中肌*
- 臀小肌*
- 股二头肌
- 半腱肌
- 半膜肌
- 竖脊肌*

◆ 解析关键

黑色字体为主要锻炼的
肌肉
灰色字体为次要锻炼的
肌肉

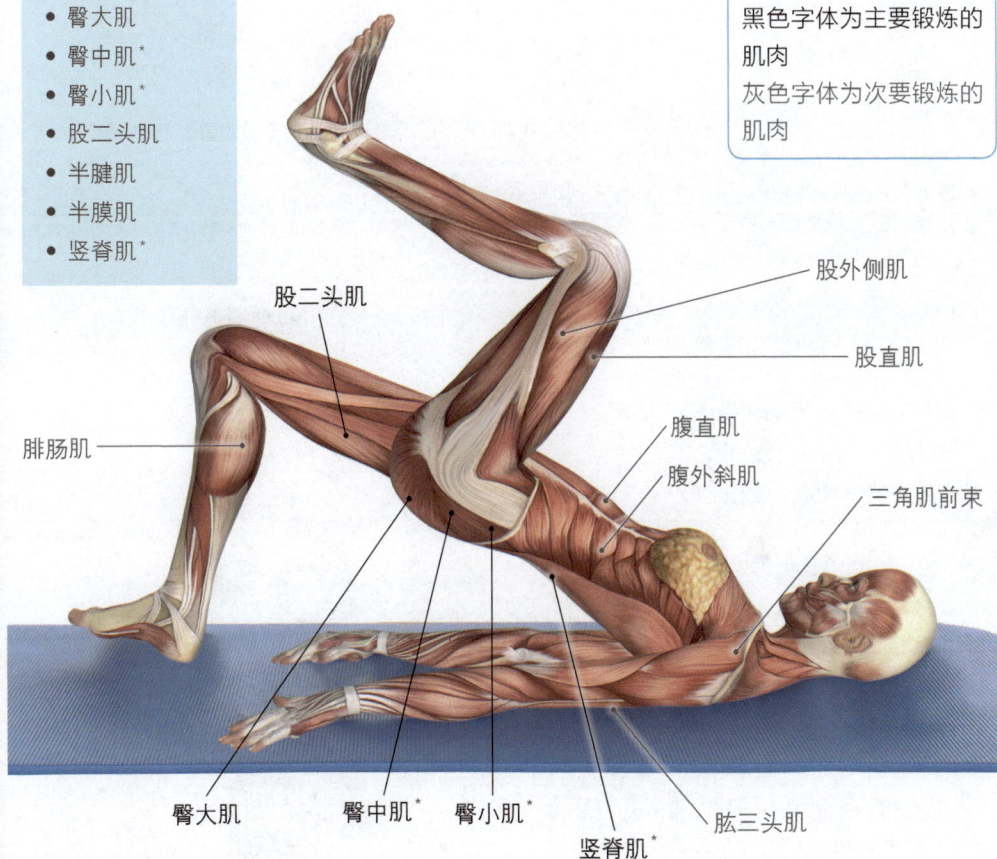

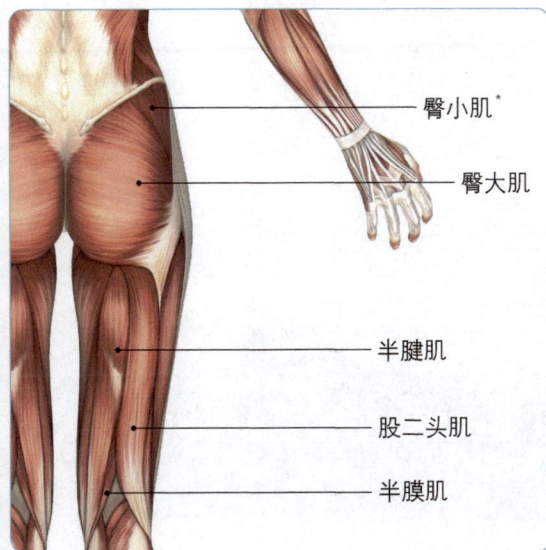

股外侧肌

股直肌

股二头肌

腹直肌

腹外斜肌

三角肌前束

腓肠肌

臀大肌　臀中肌*　臀小肌*

竖脊肌*

肱三头肌

第3章

核心稳定性练习

臀小肌*

臀大肌

☼ 小提示

保持背部挺直。

半腱肌

股二头肌

半膜肌

| 55 |

单腿平衡

锻炼目标

- 大腿
- 臀部
- 核心
- 小腿

锻炼器械

- 半泡沫轴

级别

- 中级

呼吸提示

- 全程均匀呼吸

注意 ⚠

- 保持身体稳定

- **避免**

  支撑腿弯曲

- **正确做法**

  核心收紧，身体稳定

将半泡沫轴曲面朝上纵向置于垫上，身体直立站于半泡沫轴上，双臂弯曲，双手扶于腰部。一侧腿向前抬起至与地面约成45度角，使足底平行于半泡沫轴，另一侧腿支撑身体。保持该姿势至规定的时间，对侧亦然。

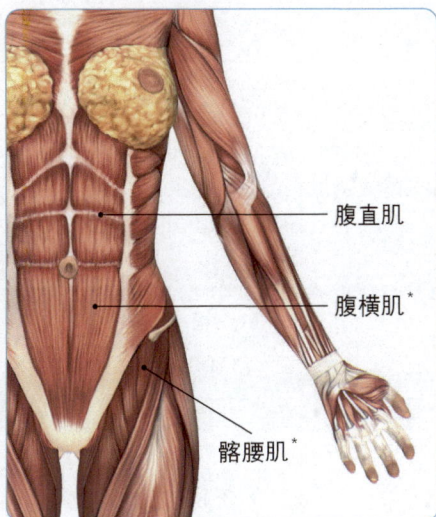

腹直肌

腹横肌*

髂腰肌*

最佳锻炼部位

- 腹直肌
- 腹横肌*
- 髂腰肌*
- 腓肠肌
- 臀中肌*
- 比目鱼肌

◆ **解析关键**

黑色字体为主要锻炼的肌肉
灰色字体为次要锻炼的肌肉

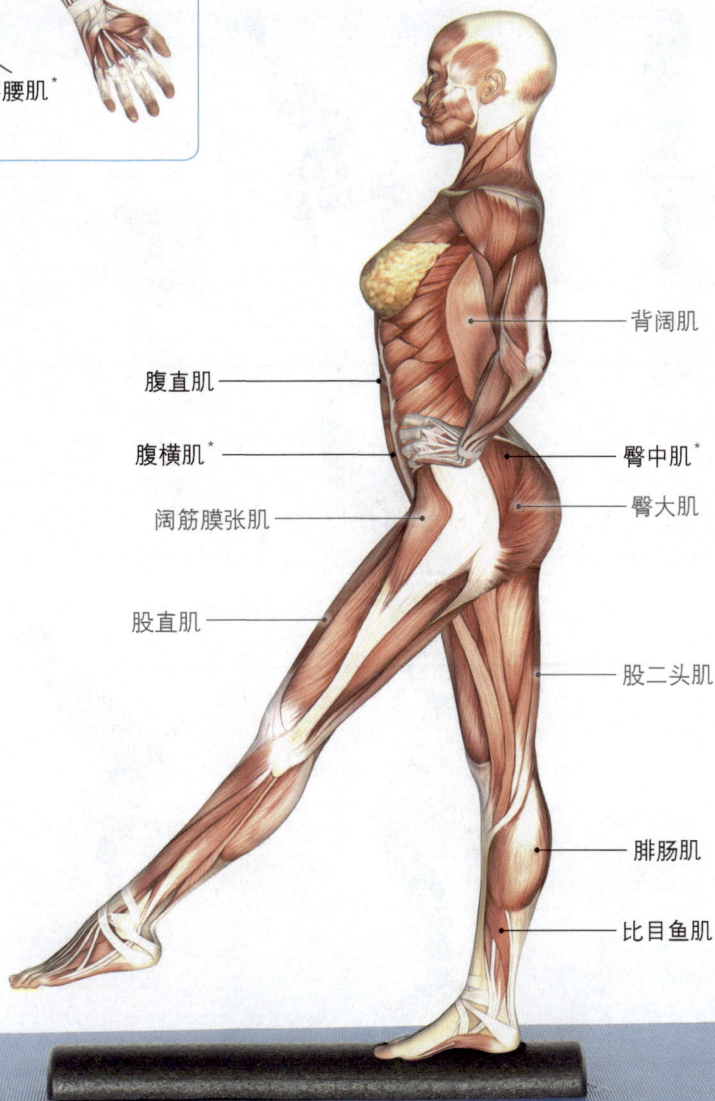

背阔肌

腹直肌

腹横肌*

阔筋膜张肌

股直肌

臀中肌*

臀大肌

股二头肌

腓肠肌

比目鱼肌

第3章

核心稳定性练习

单腿跳

❶ 身体面向跳箱站立,一侧腿部支撑身体,另一侧腿部向后弯曲至小腿尽可能与地面平行,双臂自然下垂。

❷ 保持身体稳定,躯干向前倾斜。支撑腿屈髋屈膝,双臂随身体向后摆动。

锻炼目标
• 大腿
• 小腿
• 核心

锻炼器械
• 跳箱

级别
• 高级

呼吸提示
• 跳起时呼气,下落时吸气

注意 ⚠
• 腿部若存在不适则不建议进行此项训练

• 避免
落地时身体晃动

• 正确做法
动作越轻盈越好

❸ 单脚蹬地,使身体向上并向前跳上跳箱,同时双臂上举。

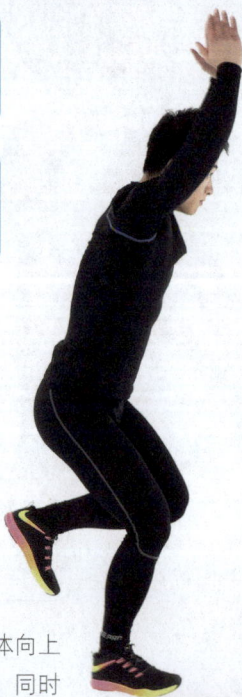

❹ 身体落于跳箱之上,单腿站立,屈髋屈膝。

❺ 动作完成,呈直立姿势。重复动作,完成规定次数,对侧亦然。

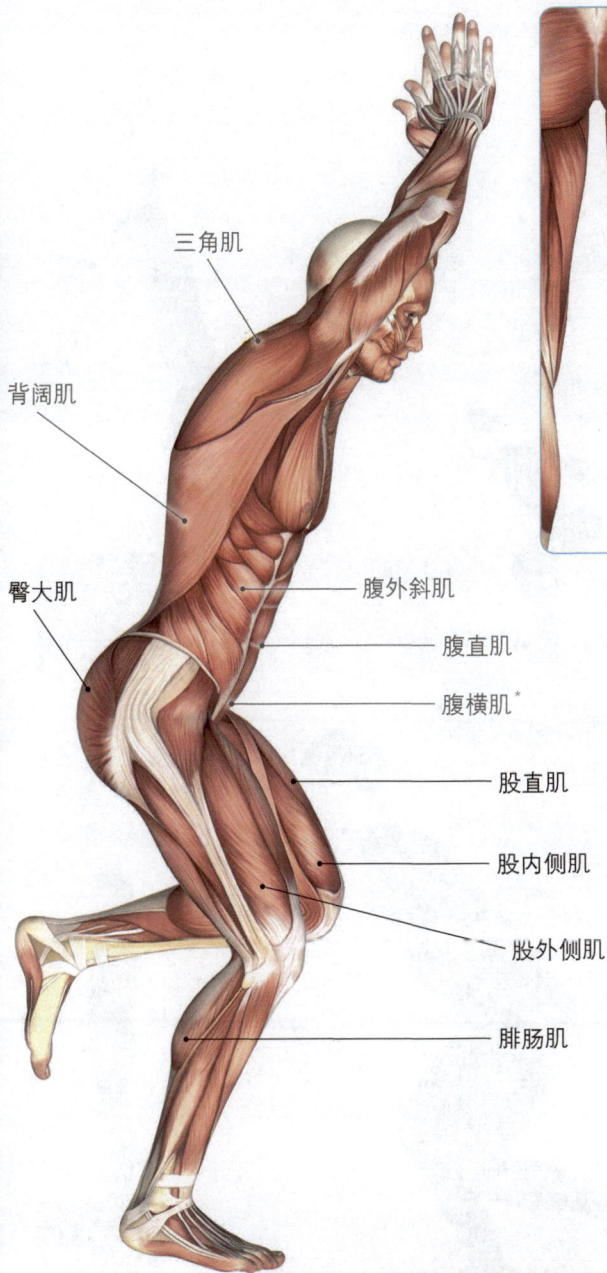

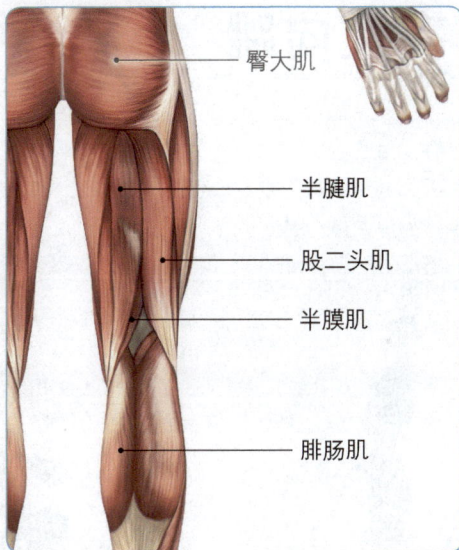

臀大肌

三角肌

半腱肌

股二头肌

半膜肌

腓肠肌

背阔肌

臀大肌

腹外斜肌

腹直肌

腹横肌*

股直肌

股内侧肌

股外侧肌

腓肠肌

◆ **解析关键**

黑色字体为主要锻炼的肌肉
灰色字体为次要锻炼的肌肉

最佳锻炼部位

- 股外侧肌
- 腓肠肌
- 股直肌
- 股内侧肌
- 股二头肌
- 半腱肌
- 半膜肌
- 臀大肌

有反向跳

① 身体直立站于跳箱之前，双脚分开与肩同宽，双臂向上伸展至最大限度。

② 躯干向前倾斜，双腿屈髋屈膝，双臂快速向下摆动至身后。

③ 双腿发力，双脚蹬地，使身体向上并向前跳上跳箱，双臂上摆至头部后上方。

④ 保持身体稳定，单脚落于跳箱之上，呈屈髋屈膝和双臂后摆的姿势。

⑤ 呈直立姿势。重复动作，完成规定次数，对侧亦然。

锻炼目标
- 大腿
- 小腿
- 核心

锻炼器械
- 跳箱

级别
- 中级

呼吸提示
- 跳起时呼气，下落时吸气

注意 ⚠
- 膝关节若存在不适则不建议进行此项训练

• **避免**
膝关节内扣，超过脚尖

• **正确做法**
用力摆臂，带动身体，辅助发力腾空阶段，核心收紧，背部挺直

臀大肌

半腱肌

股二头肌

半膜肌

腓肠肌

最佳锻炼部位

- 股直肌
- 股中间肌*
- 腓肠肌
- 股外侧肌
- 股内侧肌
- 半腱肌
- 半膜肌
- 股二头肌
- 臀大肌

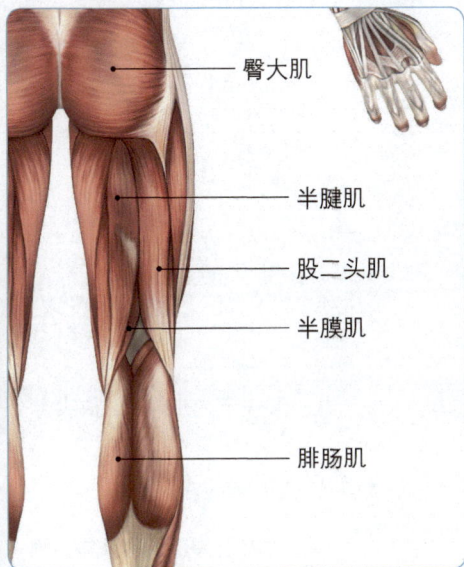

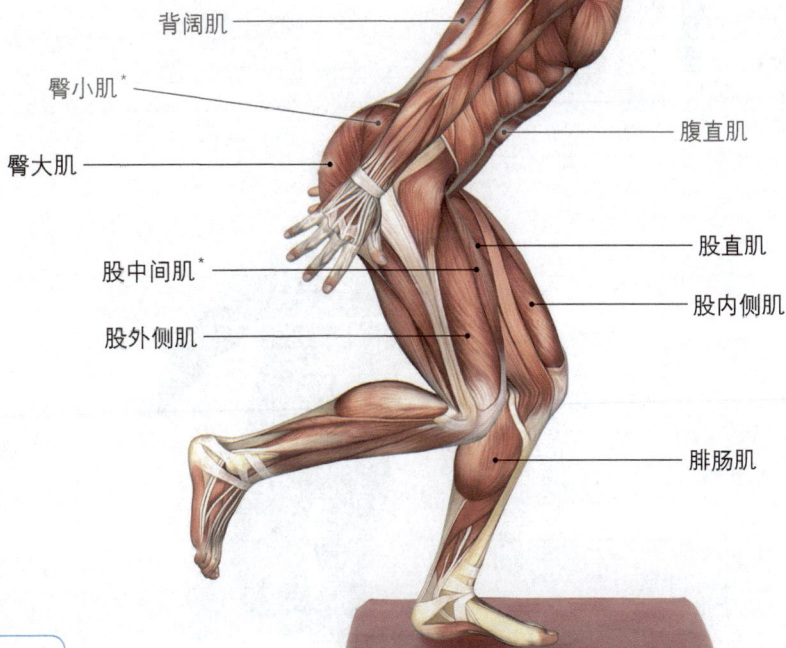

背阔肌

臀小肌*

臀大肌

股中间肌*

股外侧肌

腹直肌

股直肌

股内侧肌

腓肠肌

◆ **解析关键**

黑色字体为主要锻炼的
肌肉
灰色字体为次要锻炼的
肌肉

无反向跳

① 身体站立于跳箱一侧，躯干向前倾斜，距离跳箱较近的腿向后弯曲至小腿尽可能与地面平行，另一侧腿屈髋屈膝支撑身体，双臂随身体向后摆动。

② 双臂快速向上摆动至头顶，躯干也随之向上直立，单脚蹬地，使身体向上并从侧面跳上跳箱。

● **避免**

膝关节内扣，超过脚尖

● **正确做法**

用力摆臂，带动身体，辅助发力

腾空阶段，核心收紧，背部挺直

③ 身体呈单腿撑地姿势，落于跳箱之上。

④ 保持身体稳定，呈直立姿势。重复动作，完成规定次数，对侧亦然。

锻炼目标

● 大腿
● 小腿
● 核心

锻炼器械

● 跳箱

级别

● 高级

呼吸提示

● 跳起时呼气，下落时吸气

注意 ⚠️

● 膝关节若存在不适则不建议进行此项训练

- 股直肌
- 股内侧肌
- 股外侧肌
- 股中间肌*
- 半腱肌
- 半膜肌
- 股二头肌
- 腓肠肌
- 臀大肌

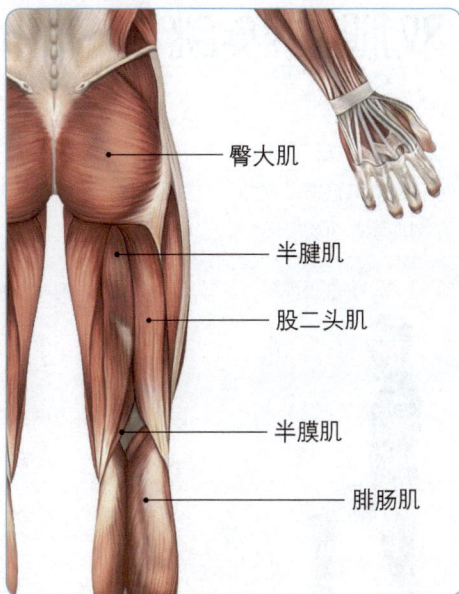

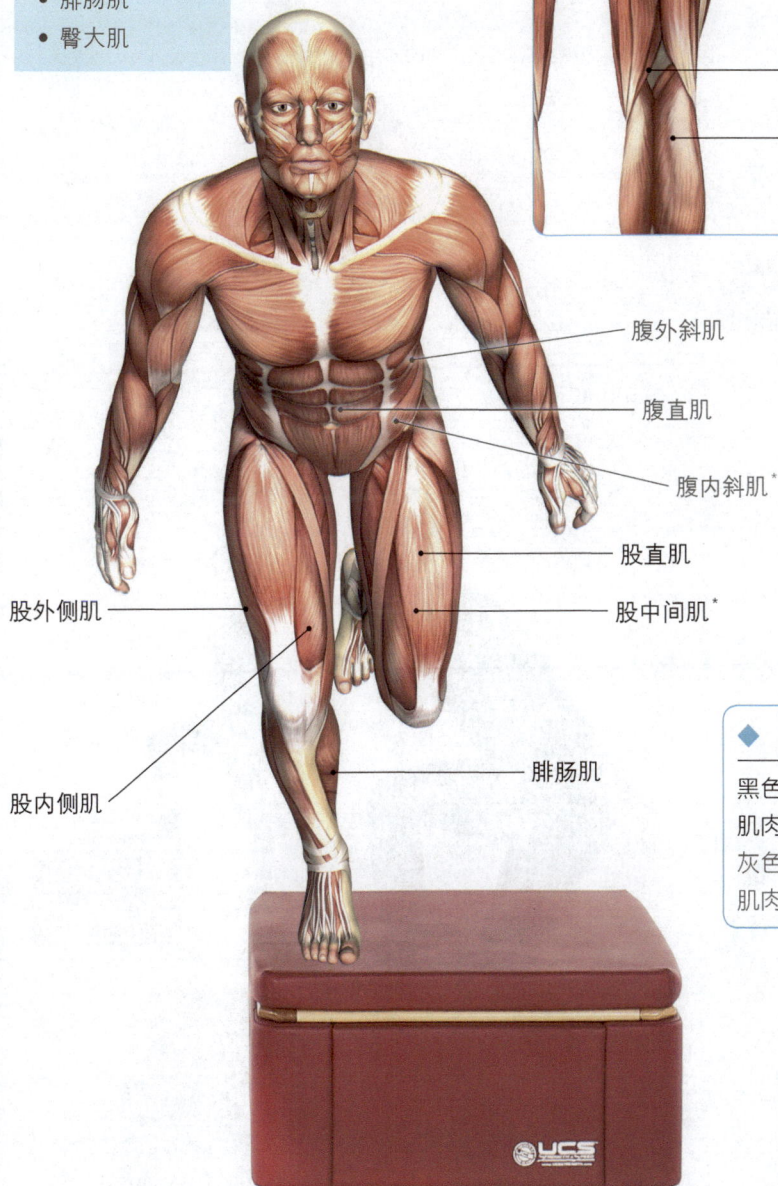

臀大肌

半腱肌

股二头肌

半膜肌

腓肠肌

腹外斜肌

腹直肌

腹内斜肌*

股直肌

股外侧肌

股中间肌*

腓肠肌

股内侧肌

◆ 解析关键

黑色字体为主要锻炼的肌肉

灰色字体为次要锻炼的肌肉

双腿交换跳

① 身体站立于跳箱之前，一侧腿部伸直站立，另一侧腿部向上弯曲置于跳箱之上，双臂自然下垂。

② 躯干向前倾斜，立于地面的腿部屈髋屈膝，双臂随躯干向后摆动。

③ 双脚蹬地，使身体向上跳跃，双臂快速向上摆动。

• **避免**

膝关节内扣，超过脚尖

• **正确做法**

核心收紧，背部挺直

④ 身体下落，双脚交换站立位置。

⑤ 上身挺直，恢复准备姿势。重复动作，完成规定次数。

锻炼目标

• 大腿
• 小腿
• 核心
• 臀部

锻炼器械

• 跳箱

级别

• 中级

呼吸提示

• 跳起时呼气，下落时吸气

注意 ⚠

• 膝关节若存在不适则不建议进行此项训练

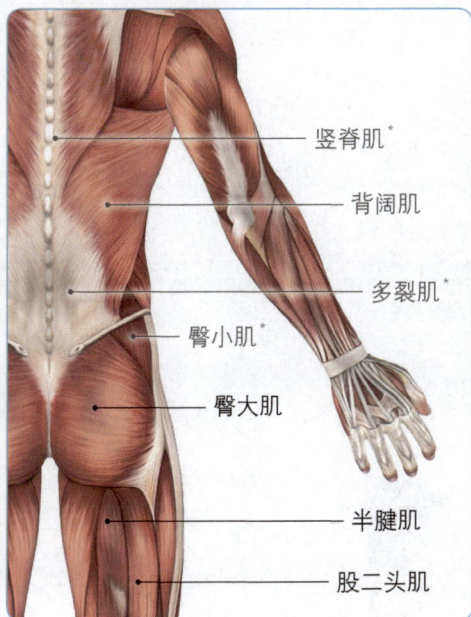

竖脊肌*

背阔肌

多裂肌*

臀小肌*

臀大肌

半腱肌

股二头肌

最佳锻炼部位

- 臀大肌
- 腓肠肌
- 半腱肌
- 股直肌
- 股内侧肌
- 股二头肌
- 股外侧肌

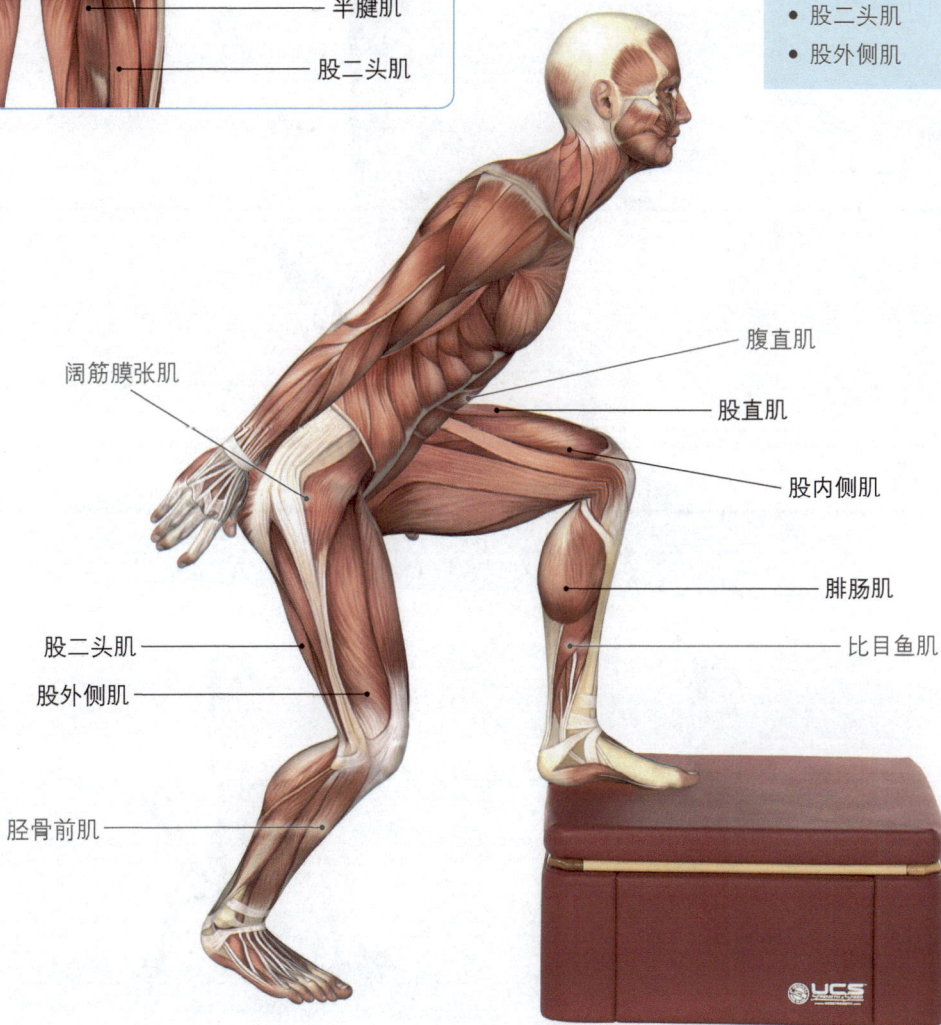

腹直肌

股直肌

股内侧肌

阔筋膜张肌

腓肠肌

股二头肌

比目鱼肌

股外侧肌

胫骨前肌

骨盆倾斜练习

❶ 将半泡沫轴平面朝上置于垫上，身体坐于训练椅上，挺胸抬头。双腿弯曲，双脚压于半泡沫轴上，并在臀部与椅面之间再放置一个平面朝上的半泡沫轴，双臂伸直，双手扶于身体两侧的半泡沫轴上。

锻炼目标
- 核心

锻炼器械
- 半泡沫轴

级别
- 初级

呼吸提示
- 全程均匀呼吸

注意 ⚠
- 骨盆若存在不适则不建议进行此项训练

- **避免**
  弯腰、弓背
  身体左右转动

- **正确做法**
  背部挺直，核心收紧
  身体倾斜幅度不宜过大

❷ 身体略微后仰，使骨盆向前倾斜。

❸ 保持身体稳定，恢复准备姿势。

❹ 身体前倾，使骨盆向后倾斜。完成规定次数。

黑色字体为主要锻炼的
肌肉
灰色字体为次要锻炼的
肌肉

最佳锻炼部位
- 腹直肌
- 腹横肌*
- 竖脊肌*

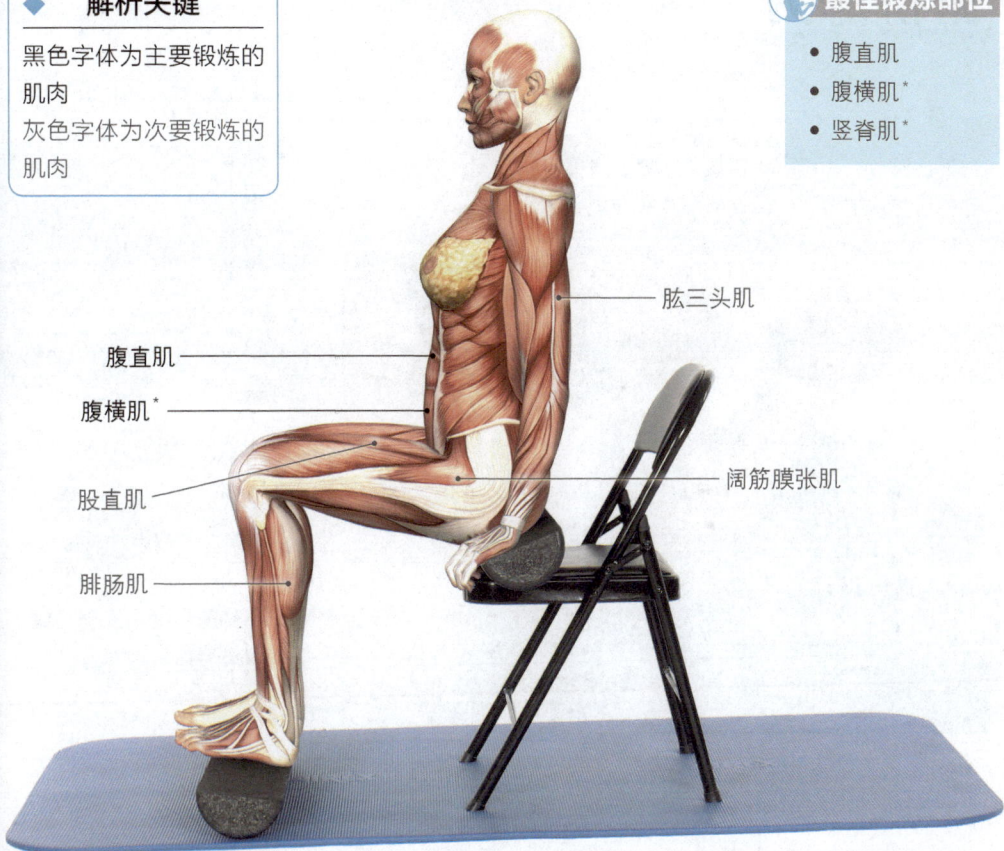

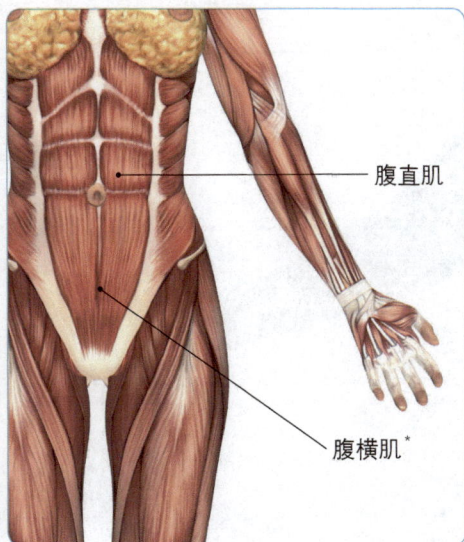

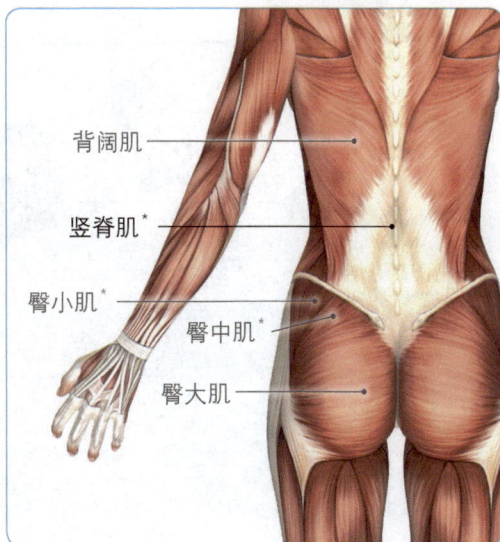

肱三头肌

腹直肌
腹横肌*
股直肌
腓肠肌

阔筋膜张肌

第3章 核心稳定性练习

腹直肌
腹横肌*

背阔肌
竖脊肌*
臀小肌*
臀中肌*
臀大肌

俯桥静力

> ● **避免**
>
> 肩部上耸
> 臀部弓起或下塌

> ● **正确做法**
>
> 核心收紧，身体尽可能呈一条直线
> 肘部位于肩部正下方

锻炼目标
- 核心
- 肩部
- 髋部
- 背部

锻炼器械
- 瑞士球

级别
- 中级

呼吸提示
- 全程均匀呼吸

注意 ⚠
- 肩部若存在不适则不建议进行此项训练

肘部位于肩部下方

双手紧握，双臂屈肘，放于瑞士球上。双腿伸直，双脚脚尖撑地，尽可能保持背部平直。保持姿势至规定时间。

◆ **解析关键**

黑色字体为主要锻炼的
肌肉
灰色字体为次要锻炼的
肌肉

最佳锻炼部位

- 腹直肌
- 腹横肌*
- 股直肌
- 大圆肌*
- 背阔肌
- 腹外斜肌
- 腹内斜肌*
- 竖脊肌*

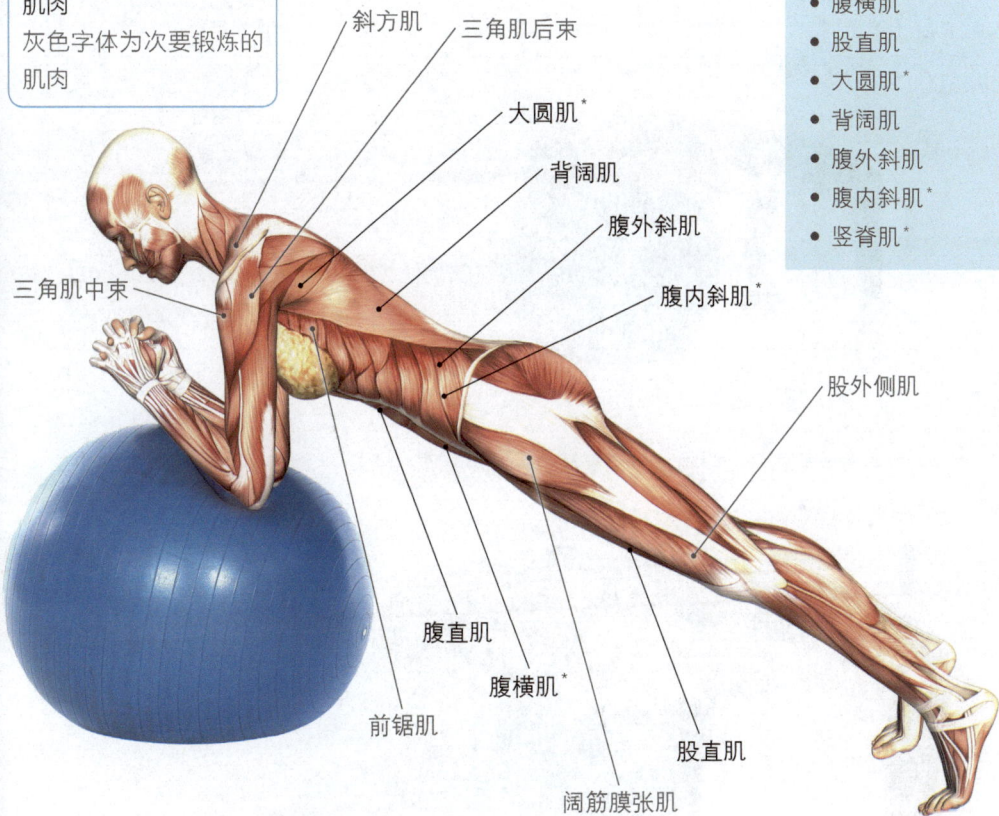

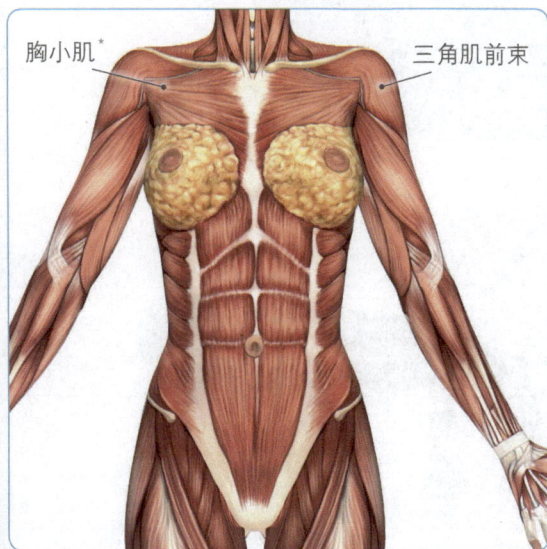

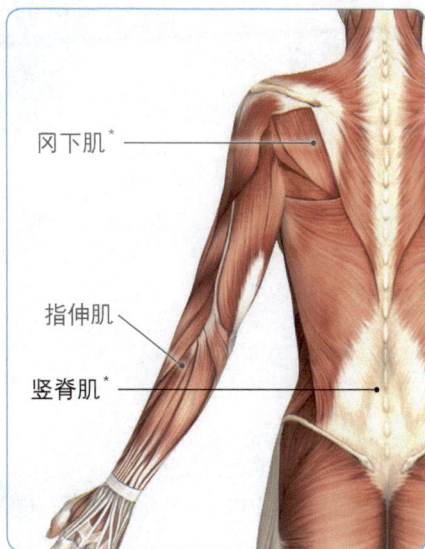

斜方肌

三角肌后束

大圆肌*

背阔肌

腹外斜肌

三角肌中束

腹内斜肌*

股外侧肌

腹直肌

腹横肌*

前锯肌

股直肌

阔筋膜张肌

胸小肌*

三角肌前束

冈下肌*

指伸肌

竖脊肌*

第3章

核心稳定性练习

| 69

侧移

① 仰卧于瑞士球上，将球置于两侧肩胛骨下方，臀部收紧，髋部伸直，双臂伸直侧平举。

锻炼目标
• 核心

锻炼器械
• 瑞士球

级别
• 中级

呼吸提示
• 全程均匀呼吸

注意 ⚠
• 腰背部若存在不适则不建议进行此项训练

② 大腿尽可能与地面平行，身体向左侧移动。

第3章

核心稳定性练习

• **避免**
身体移动过度
臀部下塌

• **正确做法**
保持大腿尽可能与地面平行
背部挺直，核心收紧

③ 恢复准备姿势，保持身体稳定，向右侧移动。完成规定次数。

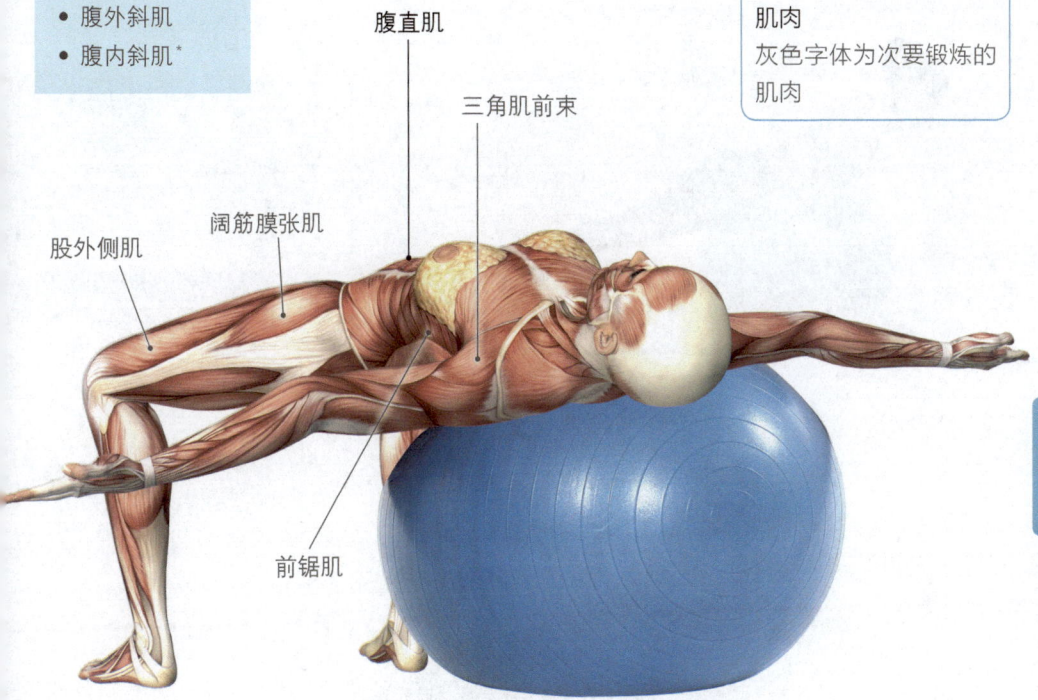

最佳锻炼部位

- 腹直肌
- 腹外斜肌
- 腹内斜肌*

腹直肌

三角肌前束

解析关键

黑色字体为主要锻炼的肌肉

灰色字体为次要锻炼的肌肉

股外侧肌

阔筋膜张肌

前锯肌

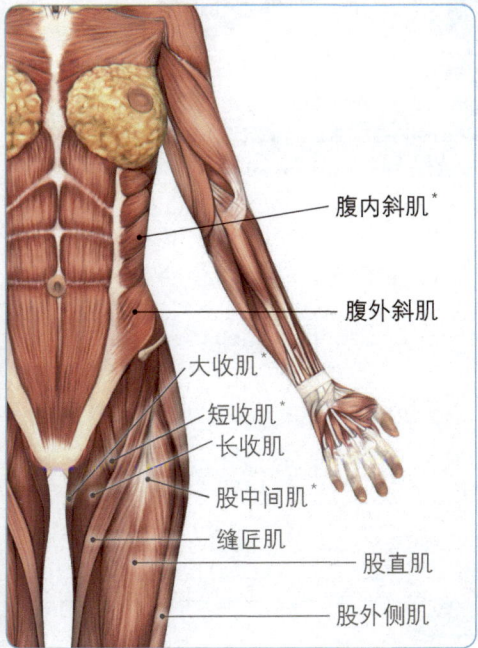

腹内斜肌*

腹外斜肌

大收肌*

短收肌*

长收肌

股中间肌*

缝匠肌

股直肌

股外侧肌

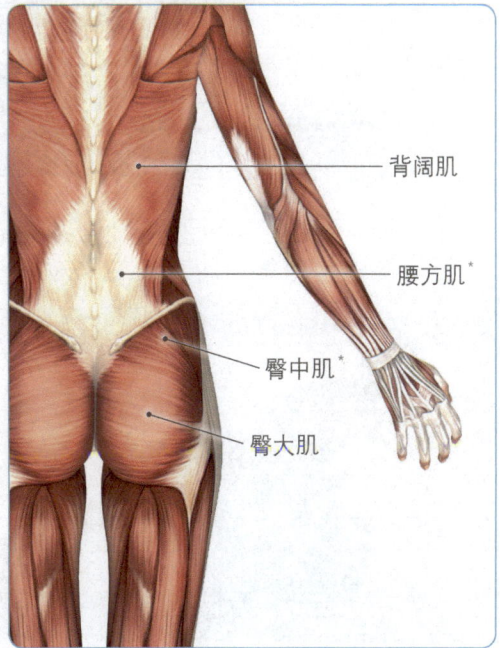

背阔肌

腰方肌*

臀中肌*

臀大肌

转肩

❶ 俯卧于瑞士球上，背部平直，胸部不能贴球，双手置于头后。

锻炼目标
- 核心
- 背部

锻炼器械
- 瑞士球

级别
- 中级

呼吸提示
- 全程均匀呼吸

注意 ⚠
- 背部若存在不适则不建议进行此项训练

❷ 挺胸，躯干向一侧旋转至最大幅度。

❸ 恢复准备姿势，向对侧扭转身体。重复动作，完成规定次数。

- **避免**

背部弓起

- **正确做法**

臀部收紧
双腿始终伸直

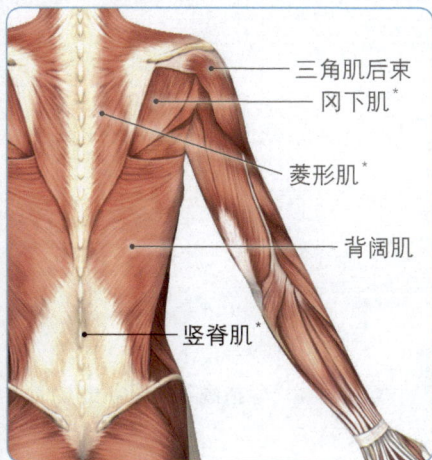

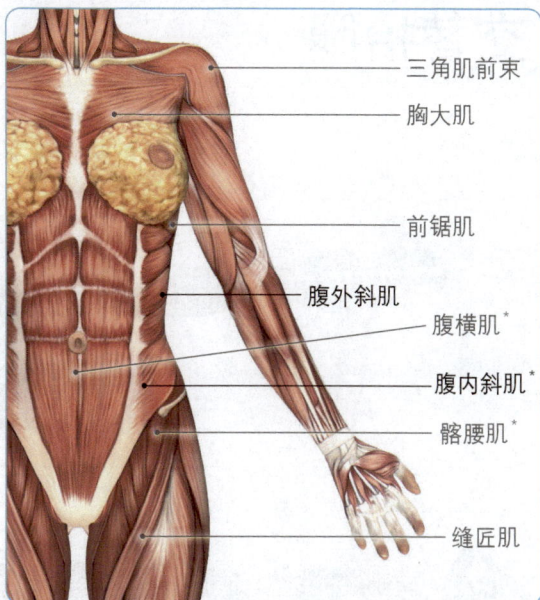

三角肌后束
冈下肌*
菱形肌*
背阔肌
竖脊肌*

三角肌前束
胸大肌
前锯肌
腹外斜肌
腹横肌*
腹内斜肌*
髂腰肌*
缝匠肌

◆　**解析关键**

黑色字体为主要锻炼的肌肉

灰色字体为次要锻炼的肌肉

🔵 **最佳锻炼部位**

- 竖脊肌*
- 腹外斜肌
- 背阔肌
- 腹内斜肌*

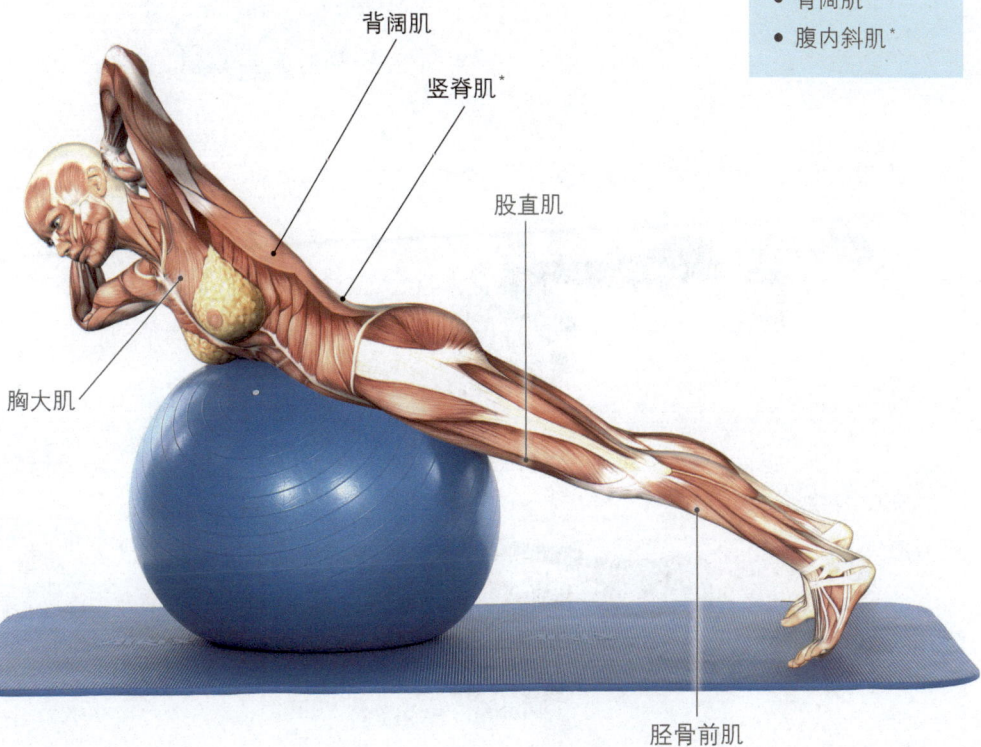

背阔肌

竖脊肌*

股直肌

胸大肌

胫骨前肌

第3章　核心稳定性练习

| 73

交替抬腿

❶ 双侧小腿置于瑞士球上，双手撑地呈俯卧撑姿势，双手支撑于肩部下方，保持身体从头到脚呈一条直线。

- **避免**

  臀部向上弓起

- **正确做法**

  双手位于肩部正下方
  保持髋部处于中立位

❷ 保持身体稳定，抬起一侧腿，距离球面约10厘米，保持2~3秒。完成规定次数。

❸ 恢复准备姿势，保证身体平衡。

❹ 抬起对侧腿，距离球面约10厘米，保持2~3秒。完成规定次数。

锻炼目标

- 核心
- 背部
- 臀部
- 双臂

锻炼器械

- 瑞士球

级别

- 高级

呼吸提示

- 全程均匀呼吸

注意 ⚠

- 肩部若存在不适则不建议进行此项训练

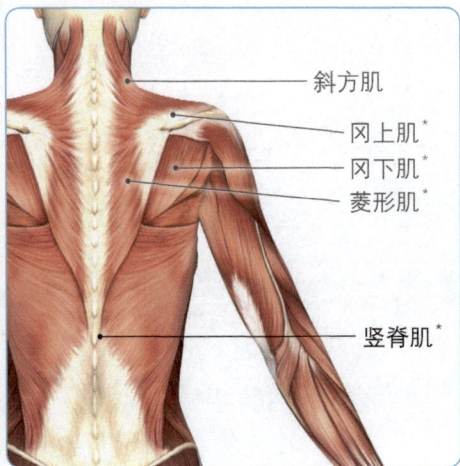

斜方肌
冈上肌 *
冈下肌 *
菱形肌 *

竖脊肌 *

◆ 解析关键

黑色字体为主要锻炼的
肌肉
灰色字体为次要锻炼的
肌肉

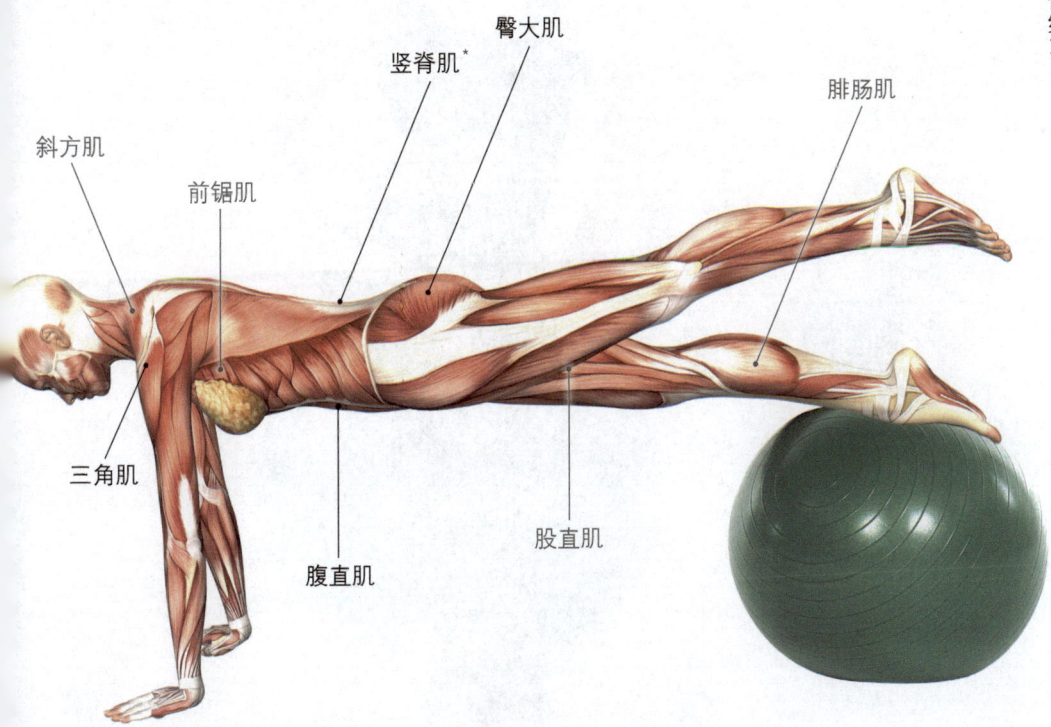

第3章

核心稳定性练习

竖脊肌 *
臀大肌
腓肠肌
斜方肌
前锯肌
三角肌
腹直肌
股直肌

转髋

❶ 挺胸直背坐在瑞士球上，双腿并拢。

● **避免**

扭转幅度过大
弯腰弓背

锻炼目标
- 臀部
- 髋部
- 核心

锻炼器械
- 瑞士球

级别
- 中级

呼吸提示
- 全程均匀呼吸

注意 ⚠
- 髋部存在损伤则不建议进行此项训练

❸ 缓慢恢复准备姿势，换至对侧。完成规定次数。

❷ 保持身体稳定，将一侧髋部抬起至最大幅度。

● **正确做法**

背部挺直，核心收紧

◆ **解析关键**

黑色字体为主要锻炼的
肌肉
灰色字体为次要锻炼的
肌肉

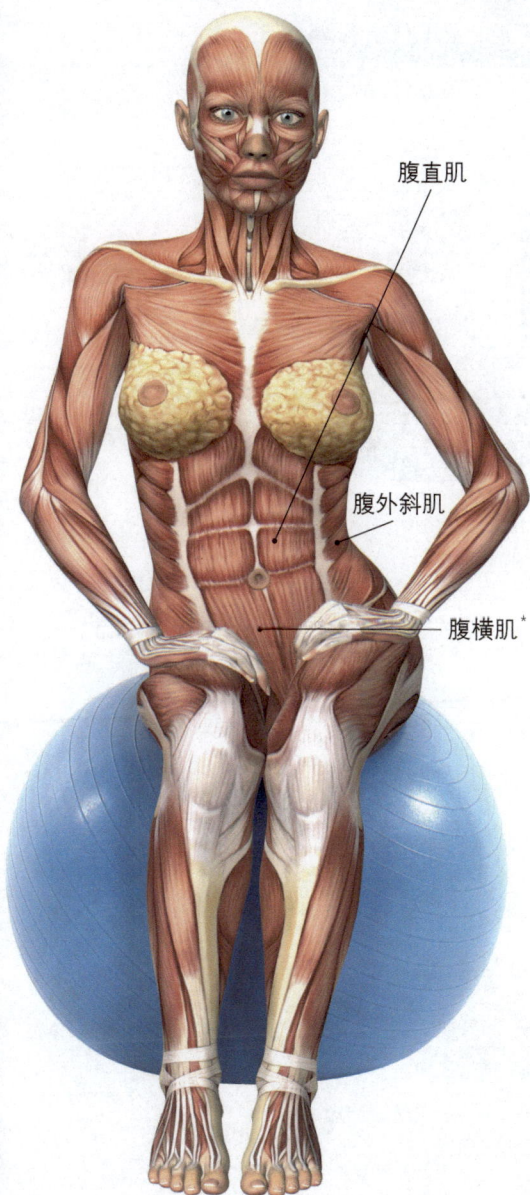

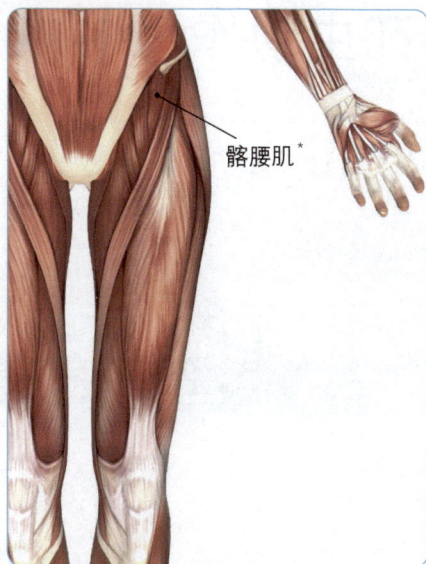

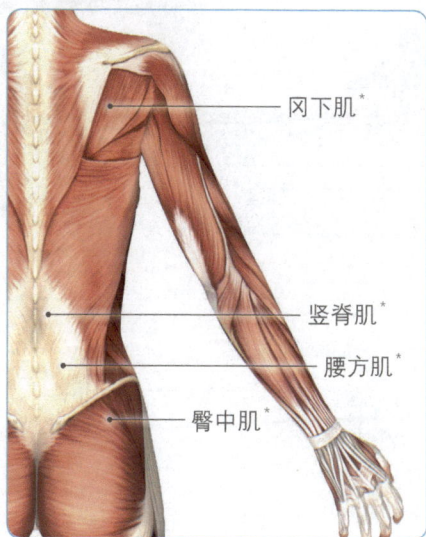

髂腰肌*

腹直肌

冈下肌*

腹外斜肌

竖脊肌*

腰方肌*

腹横肌*

臀中肌*

👤 **最佳锻炼部位**

- 髂腰肌*
- 腹横肌*
- 腹外斜肌
- 腹直肌

死虫动作

❶ 平躺于垫面，双腿屈膝，双脚撑地。双臂伸直放于身体两侧。

● **避免**

骨盆歪斜

❷ 双臂伸直指向头部前上方，
双腿抬离垫面，左腿伸直，
右腿屈膝。

● **正确做法**

核心收紧，控制动作速度
腿部始终悬空

❸ 腹部发力，双腿交换位置。重复动作至完成规定次数。

锻炼目标
● 核心
● 大腿

锻炼器械
● 徒手

级别
● 高级

呼吸提示
● 全程均匀呼吸

注意 ⚠
● 髋部存在不适则不建议
进行此项训练

◆ **解析关键**

黑色字体为主要锻炼的肌肉
灰色字体为次要锻炼的肌肉

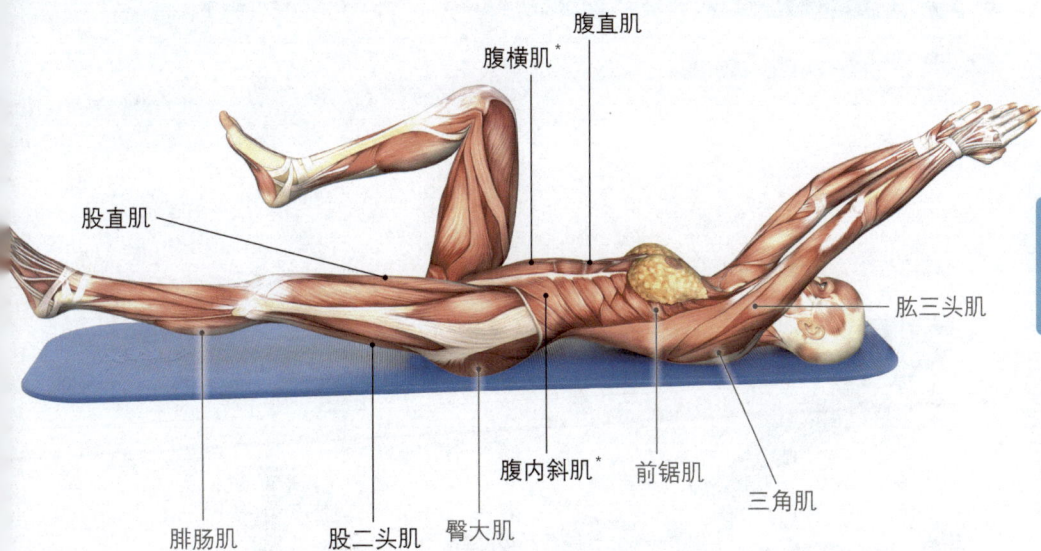

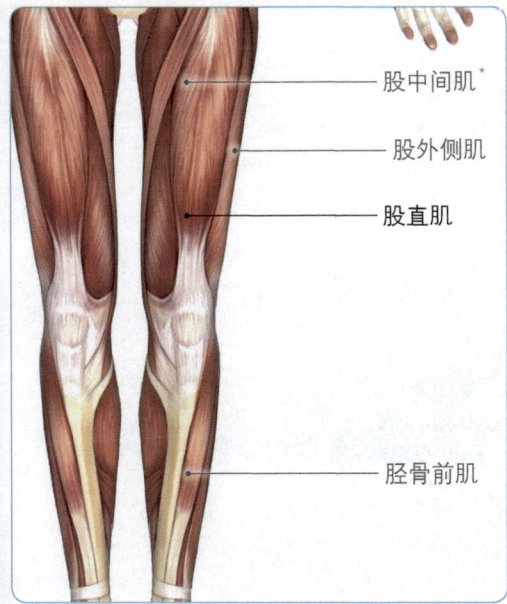

腹直肌

腹横肌*

股直肌

肱三头肌

腹内斜肌*

前锯肌

三角肌

腓肠肌

股二头肌

臀大肌

股中间肌*

股外侧肌

股直肌

胫骨前肌

☀ **小提示**

双腿交替运动，保证动作的协调性。

四足游

① 身体呈俯卧姿，双腿伸直，双臂伸直向头部方向伸展，掌心向下。

② 保持身体平衡，右腿伸直上抬，同时左臂上抬。

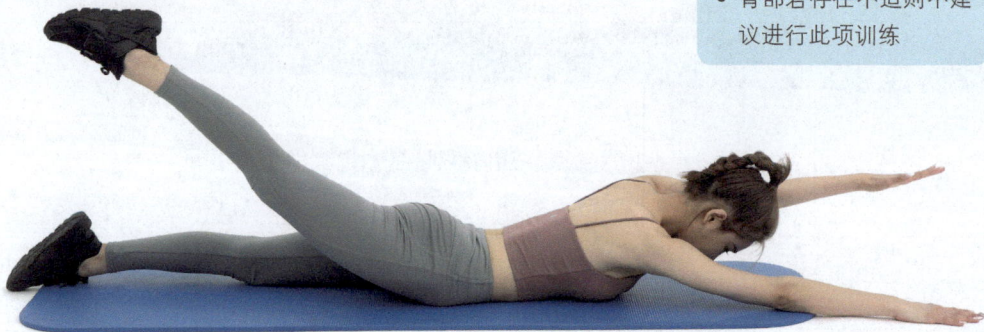

- **避免**

  四肢交替运动过快

- **正确做法**

  全程保持核心收紧，腹部贴住垫面

  保持身体平衡

③ 继续运动，对侧手脚上抬。四肢交替运动，完成规定次数。

锻炼目标
- 核心
- 肩部
- 臀部

锻炼器械
- 徒手

级别
- 中级

呼吸提示
- 全程均匀呼吸

注意 ⚠
- 背部若存在不适则不建议进行此项训练

◆ **解析关键**

黑色字体为主要锻炼的
肌肉
灰色字体为次要锻炼的
肌肉

最佳锻炼部位

- 背阔肌
- 臀大肌
- 股二头肌
- 半腱肌
- 半膜肌
- 菱形肌*
- 竖脊肌*

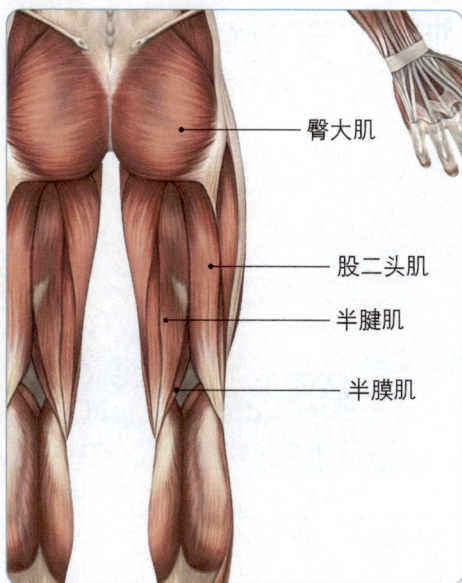

臀大肌

股二头肌

半腱肌

半膜肌

股二头肌

臀大肌

竖脊肌*

背阔肌

菱形肌*

斜方肌

三角肌

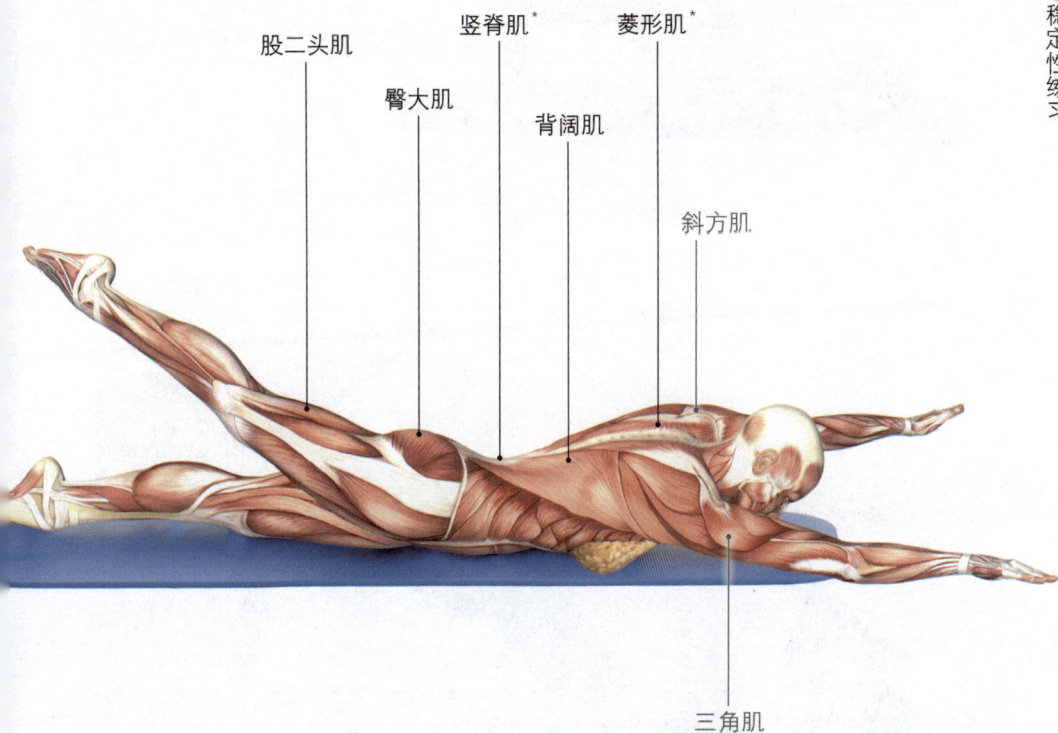

第3章

核心稳定性练习

蚌式支撑

① 身体呈侧卧姿，左手撑垫，右手扶髋。双腿屈膝，脚跟并拢。

② 臀部发力，髋部抬离垫面。

锻炼目标

• 髋部
• 核心

锻炼器械

• 徒手

级别

• 中级

呼吸提示

• 髋外旋时呼气，还原时吸气

注意 ⚠

• 肩部或髋部存在不适则不建议进行此项训练

• **避免**

骨盆转动过多

• **正确做法**

腹部收紧，背部挺直保持骨盆向前

③ 保持腹部收紧，膝盖外展。臀部外侧发力，身体向上撑起，保持动作至规定时间，对侧亦然。

黑色字体为主要锻炼的
肌肉
灰色字体为次要锻炼的
肌肉

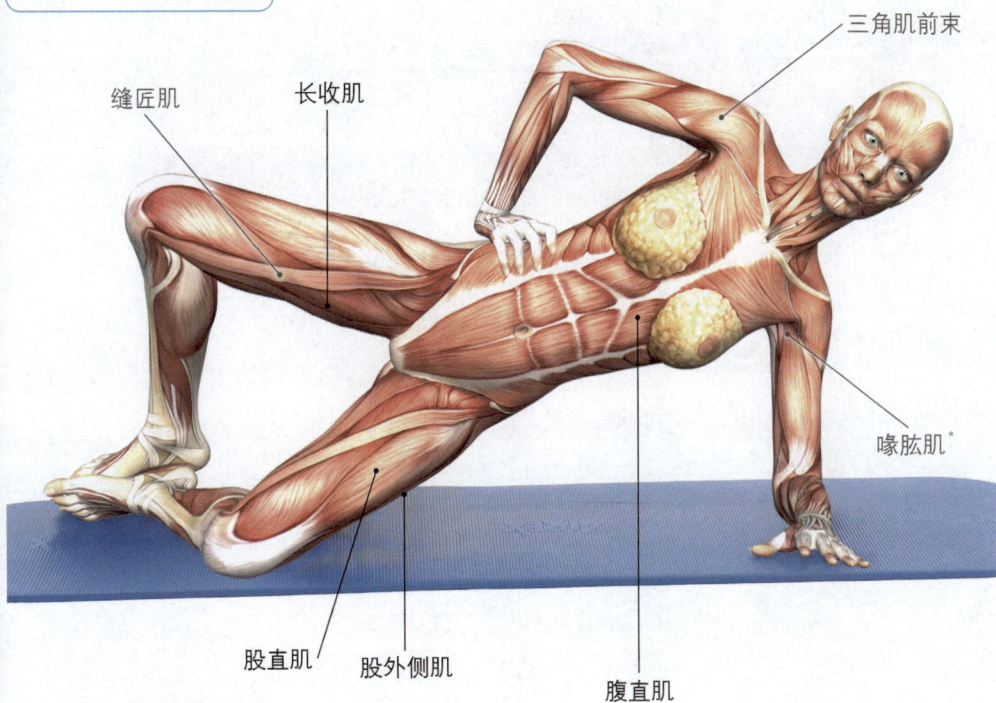

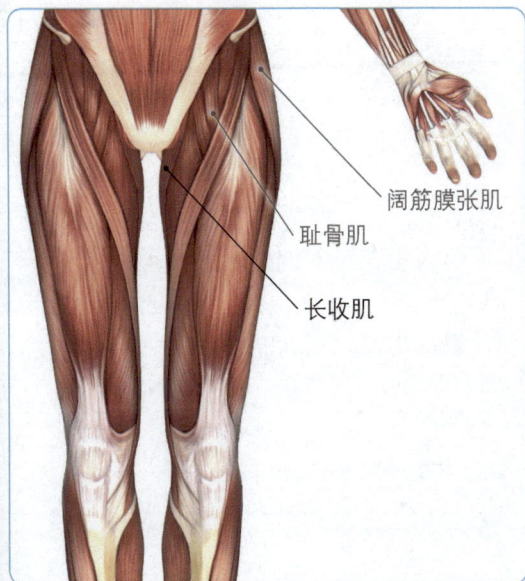

三角肌前束

缝匠肌

长收肌

喙肱肌*

股直肌

股外侧肌

腹直肌

阔筋膜张肌

耻骨肌

长收肌

🏃 **最佳锻炼部位**

- 长收肌
- 腹直肌
- 股直肌
- 股外侧肌

04

CHAPTER FOUR

第4章
核心力量练习

伸髋挺身

① 俯卧于瑞士球上，胸部及腹部贴球支撑，屈肘举起双臂置
于头部两侧，掌心向下。

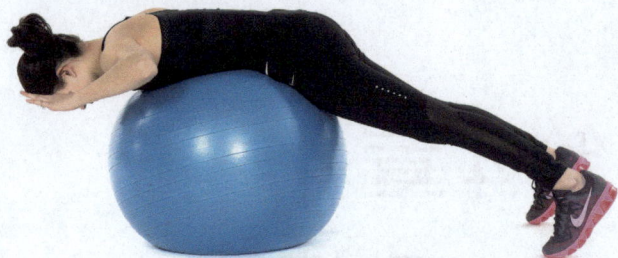

第4章

核心力量练习

锻炼目标
- 核心
- 背部

锻炼器械
- 瑞士球

级别
- 高级

呼吸提示
- 身体下降时吸气，上升时呼气

注意 ⚠
- 背部若存在不适则不建议进行此项训练

② 双侧肩胛骨收紧，挺
直身体，至身体从头
到脚踝尽可能呈一条
直线。

③ 动作完成，恢复准备姿势，完成规定次数。

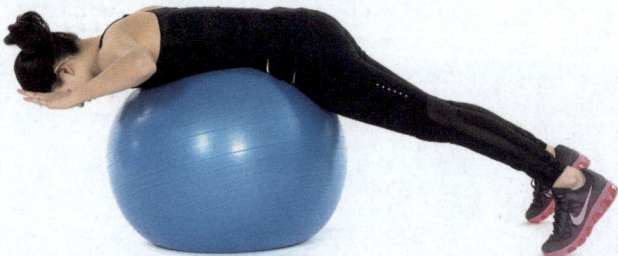

- 避免

动作幅度过大，身体
重心不稳

- 正确做法

核心收紧，背部平直

斜方肌

背阔肌

臀大肌

股二头肌

- 腹直肌
- 臀大肌
- 竖脊肌*
- 臀中肌*
- 臀小肌*
- 腹外斜肌
- 多裂肌*

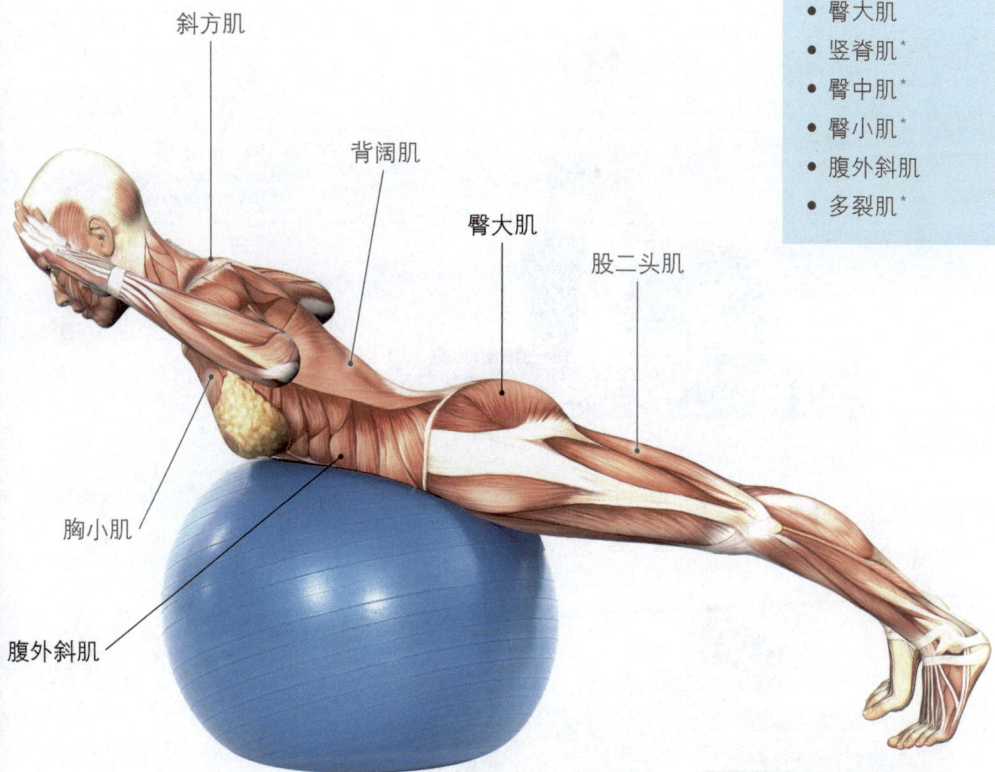

胸小肌

腹外斜肌

◆ 解析关键

黑色字体为主要锻炼的
肌肉
灰色字体为次要锻炼的
肌肉

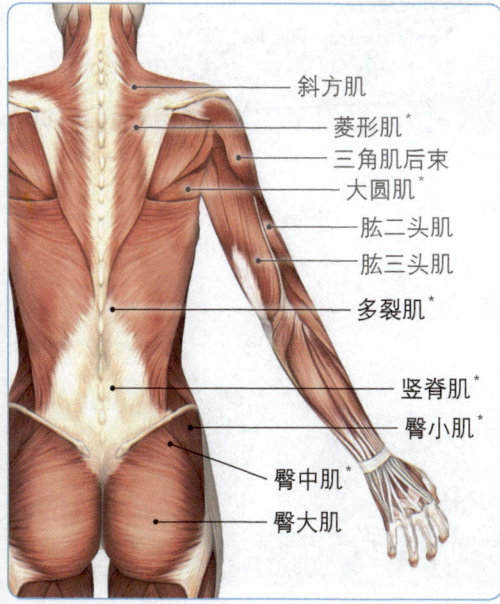

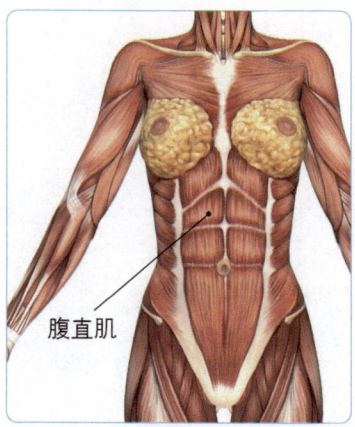

第4章

核心力量练习

斜方肌
菱形肌*
三角肌后束
大圆肌*
肱二头肌
肱三头肌
多裂肌*

竖脊肌*
臀小肌*
臀中肌*
臀大肌

腹直肌

前推

① 跪在瑞士球前，双手置于
   球上，位置与髋同高。

锻炼目标
- 核心
- 背部

锻炼器械
- 瑞士球

级别
- 中级

呼吸提示 🌓
- 身体下降时吸气，上升
  时呼气

注意 ⚠️
- 肩关节存在不适则不建
  议进行此项训练

② 慢慢将瑞士球向前推动，同时伸展身体至最
   大幅度，保持背部平直、膝关节稳定。

③ 腹部和下背部肌肉发力将球
   拉回至起始位置。完成规定
   次数。

- **避免**
  背部弯曲

- **正确做法**
  核心收紧，背部平直

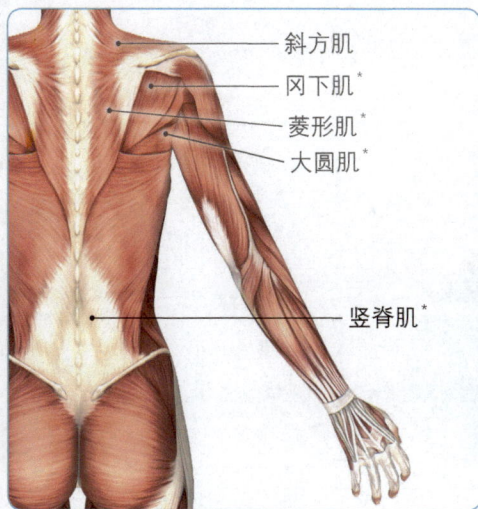

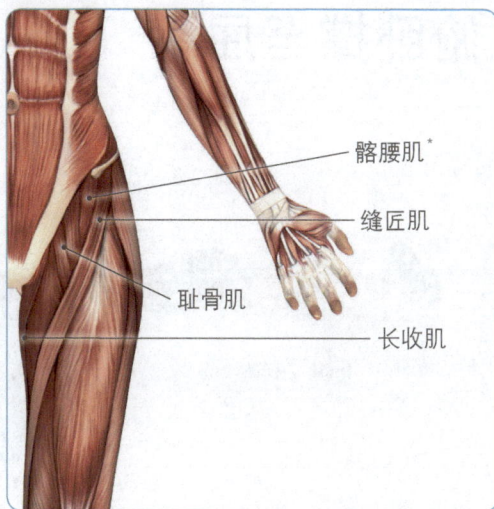

斜方肌
冈下肌*
菱形肌*
大圆肌*

竖脊肌*

髂腰肌*
缝匠肌

耻骨肌
长收肌

最佳锻炼部位

- 腹直肌
- 竖脊肌*

◆ 解析关键

黑色字体为主要锻炼的
肌肉
灰色字体为次要锻炼的
肌肉

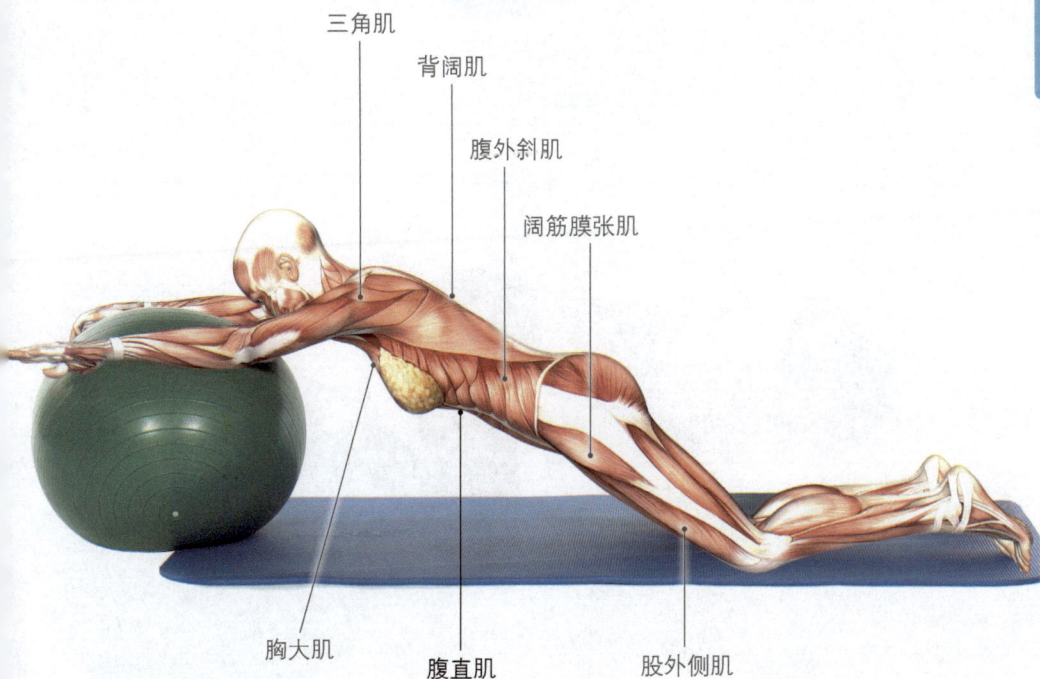

三角肌
背阔肌
腹外斜肌
阔筋膜张肌

胸大肌
腹直肌
股外侧肌

俯卧撑至屈膝

① 双侧脚背置于瑞士球上，双手撑地呈俯卧撑姿势，双手支撑于肩部下方，保持身体从头到脚呈一条直线。

② 双臂屈肘，身体下沉至胸部尽可能靠近地面，上臂与躯干夹角约为45度。

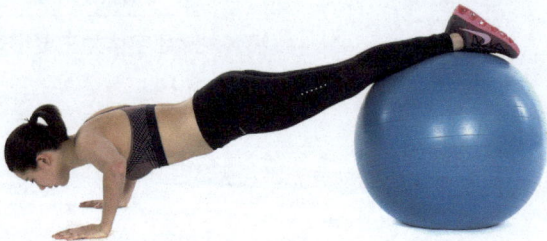

锻炼目标
- 核心
- 胸部
- 髋部
- 背部

锻炼器械
- 瑞士球

级别
- 高级

呼吸提示 ◕
- 身体下降时吸气，上升时呼气；屈膝时吸气，伸膝时呼气

注意 ⚠
- 肩部或背部若存在不适则不建议进行此项训练

③ 双臂撑起，同时屈膝，直至大腿约与地面垂直。完成规定次数。

• **避免**
臀部向上弓起

• **正确做法**
背部挺直，核心收紧
双手位于肩部正下方

冈下肌[*]
三角肌后束
竖脊肌[*]
大圆肌[*]
臀大肌
阔筋膜张肌
股外侧肌
股二头肌

肱三头肌

腹直肌

腹直肌
腹外斜肌
腹内斜肌[*]
髂腰肌[*]
缝匠肌
耻骨肌
股直肌

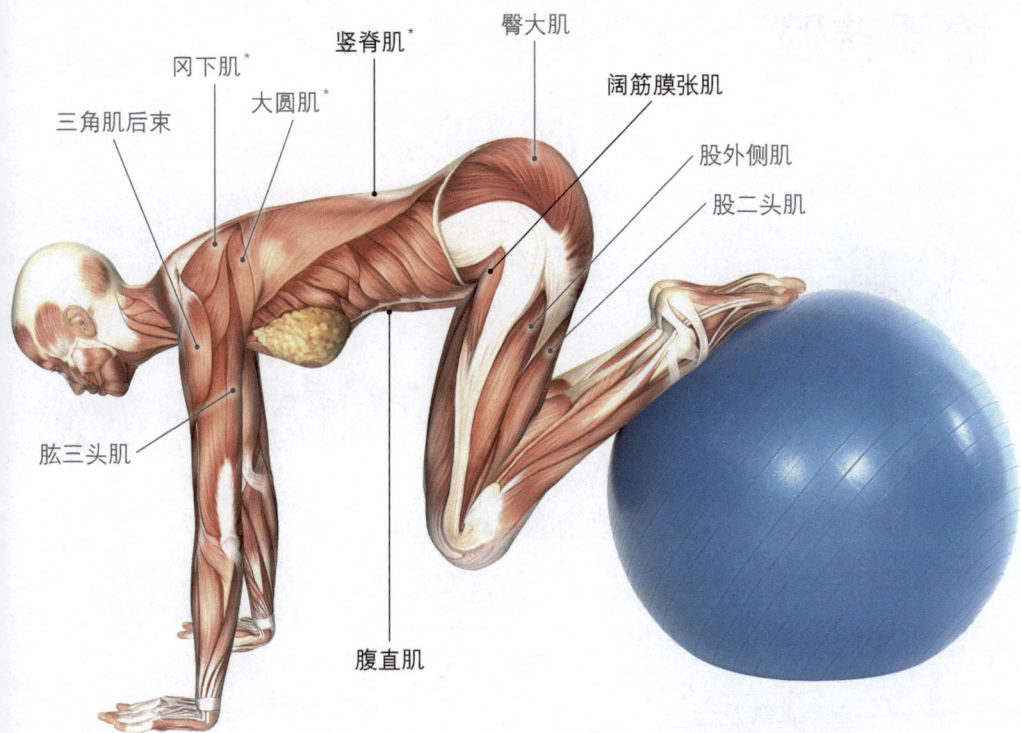

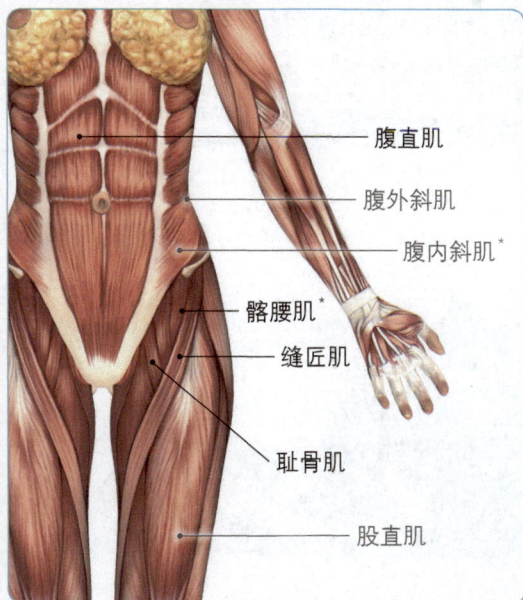

◆ 解析关键

黑色字体为主要锻炼的
肌肉
灰色字体为次要锻炼的
肌肉

第 4 章

核心力量练习

抬腿转髋

❶ 身体呈仰卧姿，将瑞士球夹在小腿与大腿之间。双臂置于身体两侧，掌心向下。

锻炼目标
- 核心
- 背部

锻炼器械
- 瑞士球

级别
- 中级

呼吸提示
- 全程均匀呼吸

注意 ⚠️
- 腰部若存在不适则不建议进行此项训练

❷ 双腿夹球向左转动髋部至最大幅度，上身保持不动。

❸ 回到准备姿势，继续向对侧转髋，完成规定次数。

- **避免**

  头部向上抬离垫面

- **正确做法**

  保持肩部放松

  核心收紧

第4章 核心力量练习

◆ **解析关键**

黑色字体为主要锻炼的
肌肉
灰色字体为次要锻炼的
肌肉

最佳锻炼部位

- 腹横肌*
- 腹外斜肌
- 腹直肌

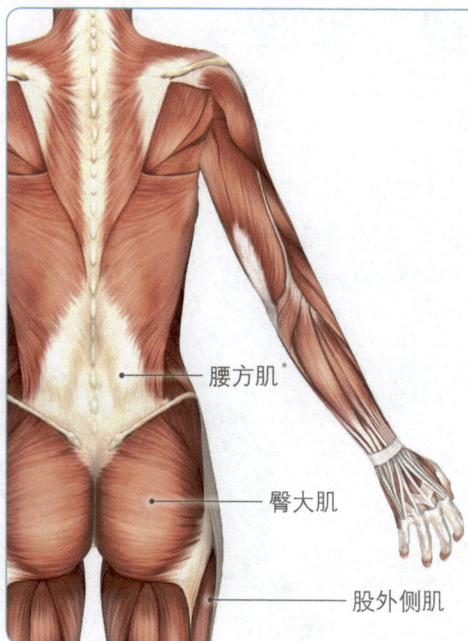

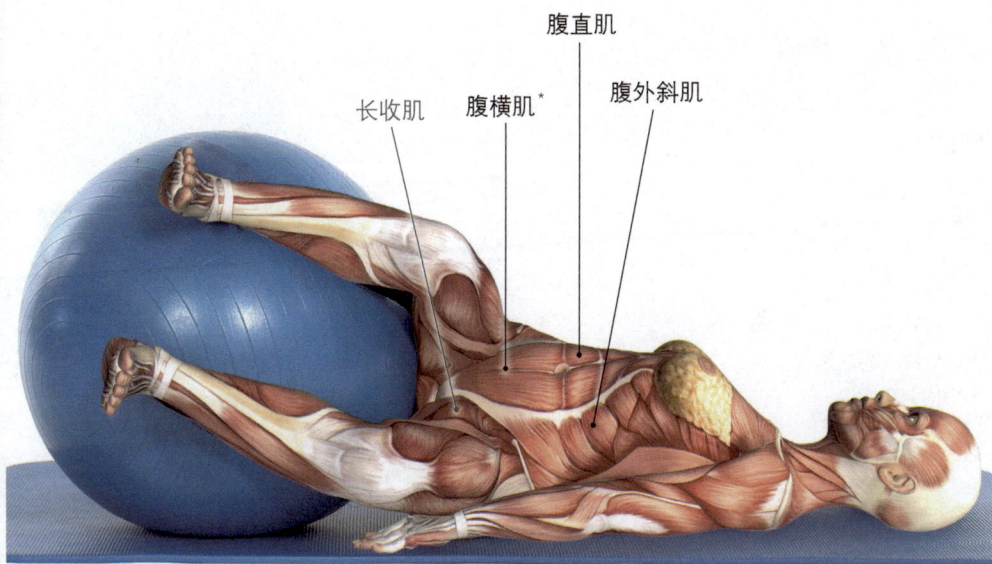

腰方肌*

臀大肌

股外侧肌

长收肌　腹横肌*　腹直肌　腹外斜肌

球上卷腹

① 仰卧于瑞士球上，背部紧贴球面，髋部伸直同时屈膝成约90度角，使躯干、大腿与地面平行。双手持哑铃，双臂伸直上举。

• **避免**

背部弯曲
双臂晃动

• **正确做法**

核心收紧，背部平直
双脚紧贴地面

锻炼目标

• 核心
• 大腿
• 肩部

锻炼器械

• 瑞士球、哑铃

级别

• 高级

呼吸提示

• 身体下降时吸气，上升时呼气

注意 ⚠

• 腰部若存在不适则不建议进行此项训练

② 腰部自然贴住瑞士球，核心收紧，肩部抬起，卷腹上推哑铃。完成规定次数。

第4章 核心力量练习

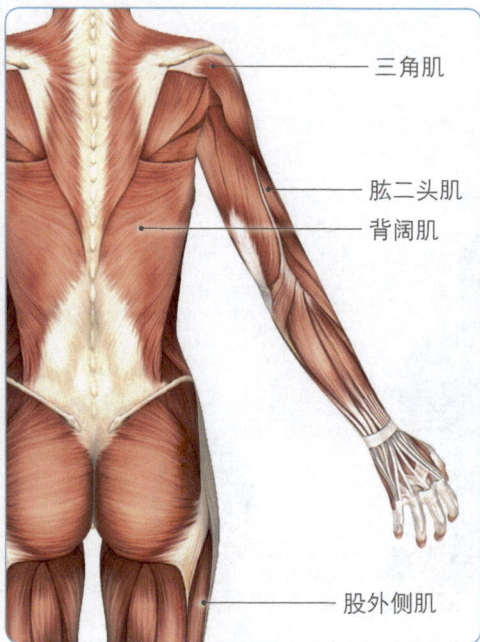

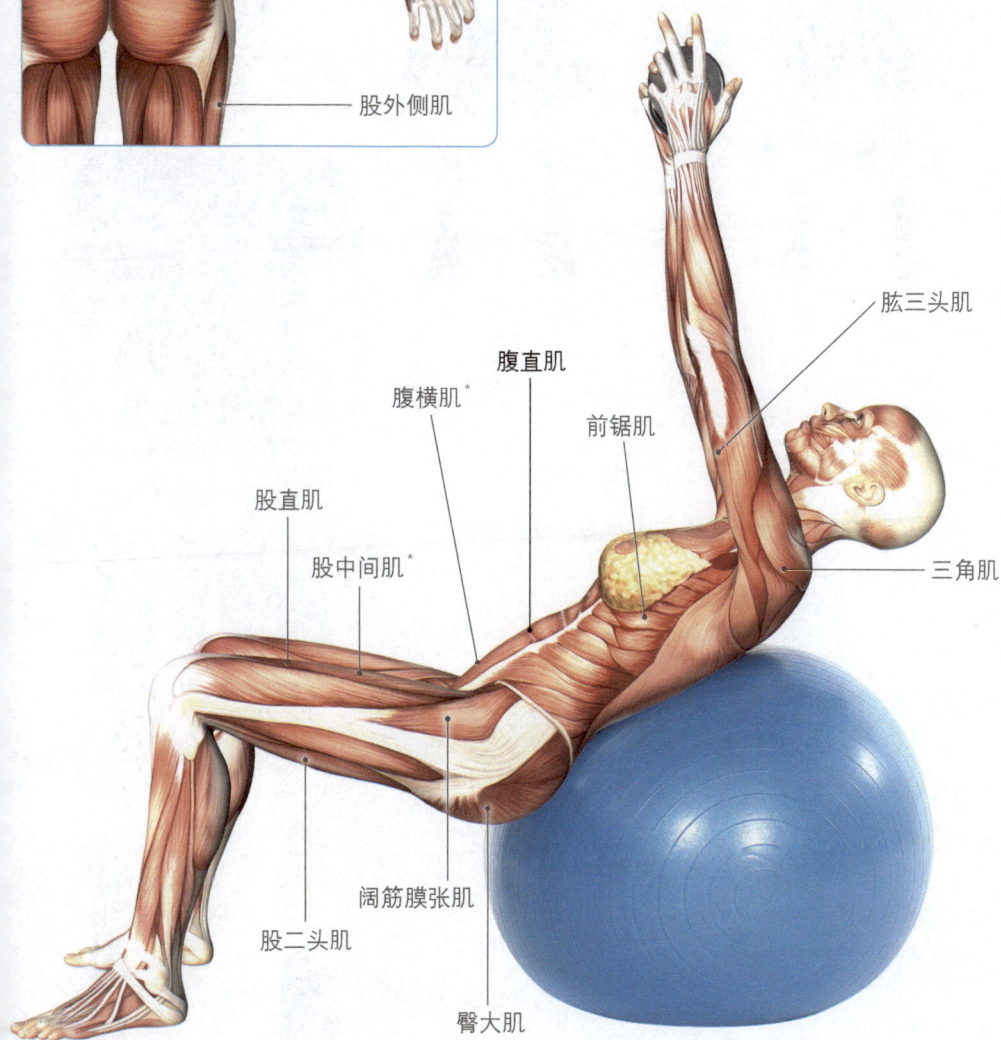

三角肌

肱二头肌
背阔肌

股外侧肌

◆ 解析关键

黑色字体为主要锻炼的
肌肉
灰色字体为次要锻炼的
肌肉

最佳锻炼部位
• 腹直肌

肱三头肌

腹直肌

腹横肌*

前锯肌

股直肌

股中间肌*

三角肌

阔筋膜张肌

股二头肌

臀大肌

基本硬拉

① 身体呈站立姿，双脚间距与肩同宽。屈髋屈膝，上身前俯，双手各持一个哑铃置于小腿前方。

② 保持背部挺直，臀部发力，向上提拉哑铃。

- **避免**

  弯腰、弓背
  提拉速度过快

锻炼目标
- 臀部
- 大腿
- 背部

锻炼器械
- 哑铃

级别
- 中级

呼吸提示
- 起身时呼气，下放时吸气

注意 ⚠️
- 下背部若存在不适则不建议进行此项训练

- **正确做法**

  背部挺直，腹部收紧
  臀部发力伸髋

③ 提拉哑铃直至站立位，身体直立。完成规定次数。

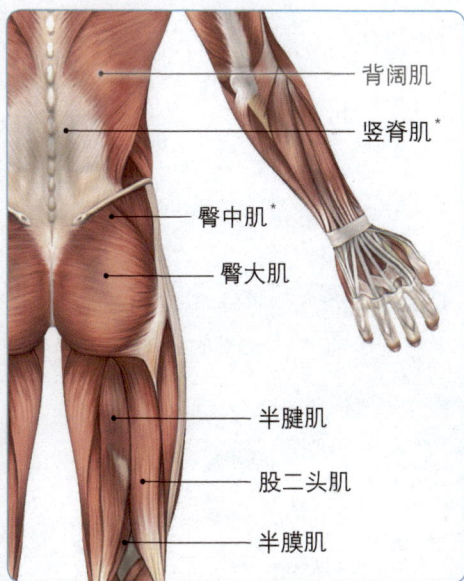

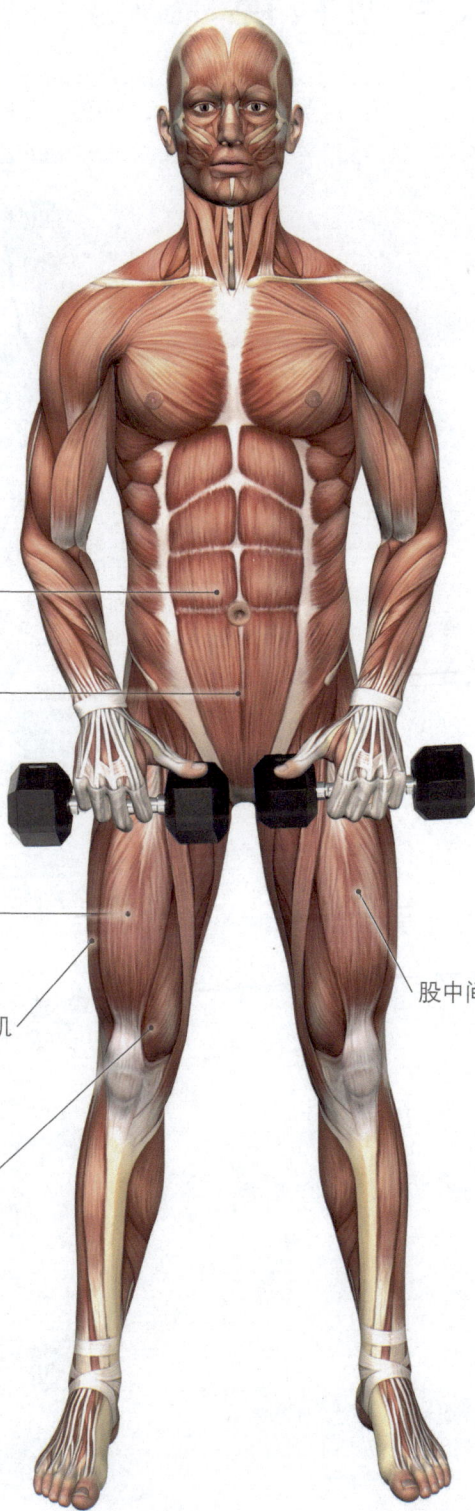

背阔肌

竖脊肌*

臀中肌*

臀大肌

半腱肌

股二头肌

半膜肌

腹直肌

腹横肌*

股直肌

股外侧肌

股内侧肌

股中间肌*

◆ **解析关键**

黑色字体为主要锻炼的肌肉

灰色字体为次要锻炼的肌肉

最佳锻炼部位

- 竖脊肌*
- 臀中肌*
- 臀大肌
- 半腱肌
- 股二头肌
- 半膜肌

俄罗斯转体

① 身体呈坐姿，臀部支撑身体。双腿屈髋屈膝抬起，双臂屈肘，双手分别持握哑铃的两端置于体前，下背部挺直。

- **避免**

  身体过度后仰

- **正确做法**

  腹部收紧，躯干旋转

② 保持身体姿势不变，上身向左侧转体，同时将哑铃移至身体左侧，停顿片刻。

锻炼目标
- 核心
- 背部

锻炼器械
- 哑铃

级别
- 中级

呼吸提示
- 旋转发力时呼气，还原时吸气

注意 ⚠️
- 腰部若存在不适则不建议进行此项运动

③ 身体恢复准备姿势。

④ 上身向右侧转体，同时将哑铃移至身体右侧，停顿片刻。完成规定次数。

- 竖脊肌 *
- 腹直肌
- 腹外斜肌
- 腹内斜肌 *
- 腹横肌 *
- 髂腰肌 *

◆ **解析关键**

黑色字体为主要锻炼的
肌肉
灰色字体为次要锻炼的
肌肉

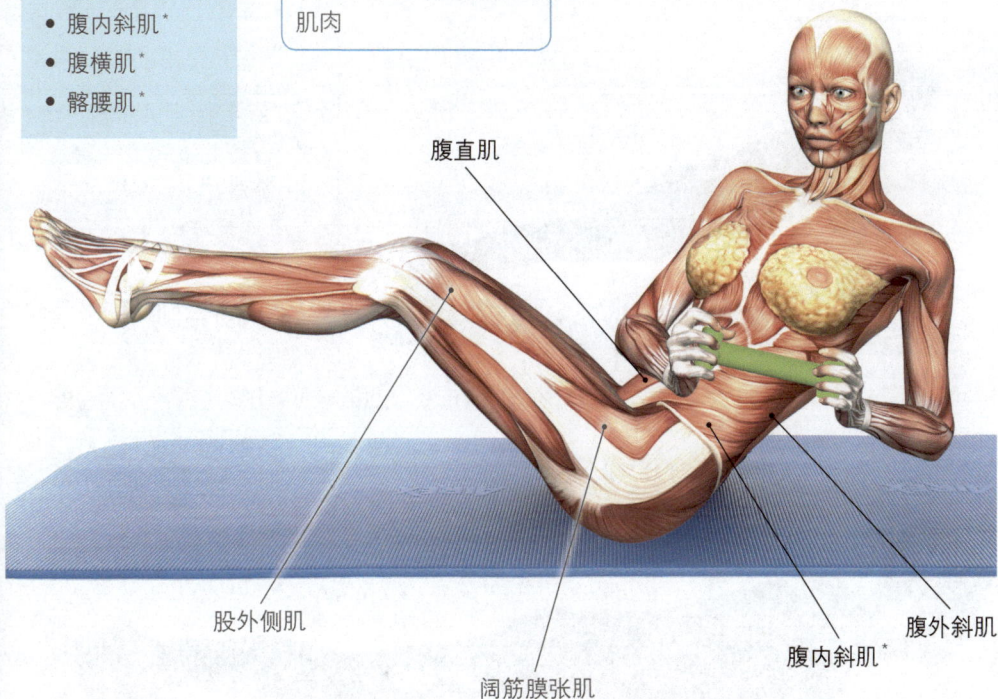

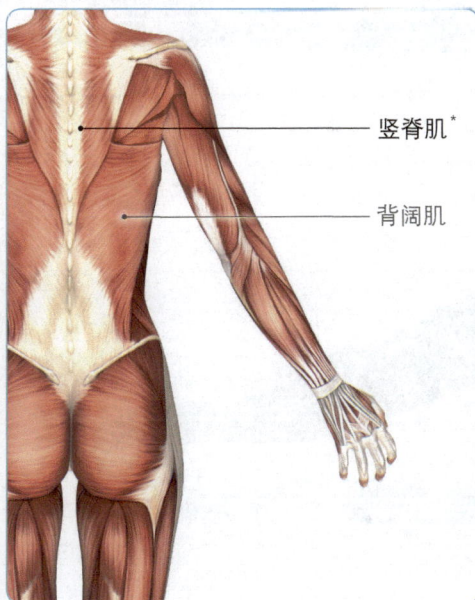

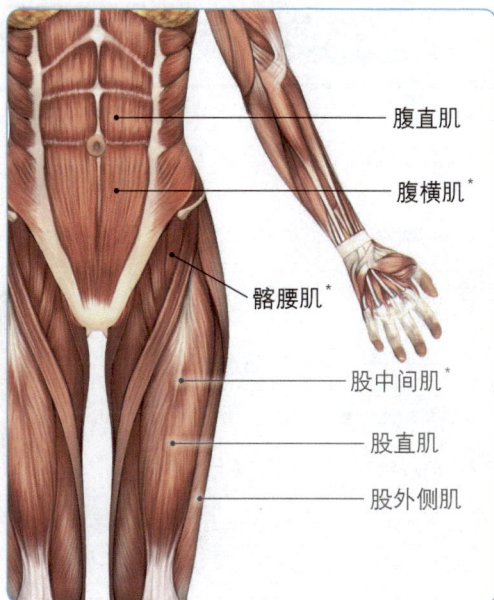

腹直肌

股外侧肌

阔筋膜张肌

腹内斜肌 *

腹外斜肌

竖脊肌 *

背阔肌

腹直肌

腹横肌 *

髂腰肌 *

股中间肌 *

股直肌

股外侧肌

第4章

核心力量练习

| 99

俯卧撑

① 身体呈俯卧姿势撑于垫面，双手间距与肩同宽，双脚并拢。
腰背部保持挺直，身体呈一条直线。

② 保持核心收紧，双臂屈肘，身体向下。

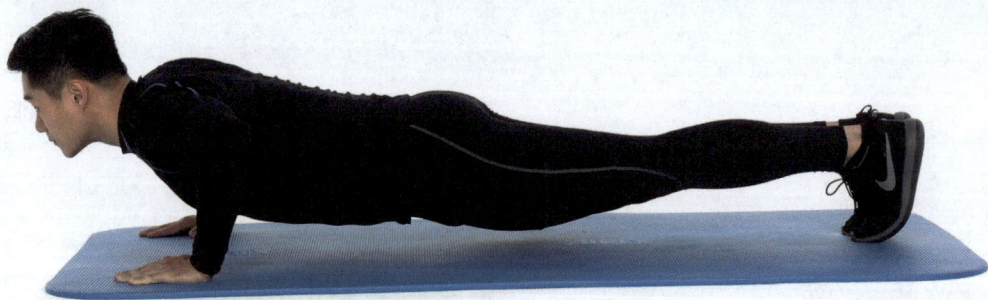

③ 双臂发力，向上撑起，恢复准备姿势。完成规定次数。

• **避免**
臀部向下塌
背部向上弓起

• **正确做法**
核心收紧，身体呈一条直线

第4章

核心力量练习

100

最佳锻炼部位

- 胸大肌
- 胸小肌*
- 喙肱肌*
- 三角肌
- 肱三头肌
- 腹直肌

◆ 解析关键

黑色字体为主要锻炼的肌肉

灰色字体为次要锻炼的肌肉

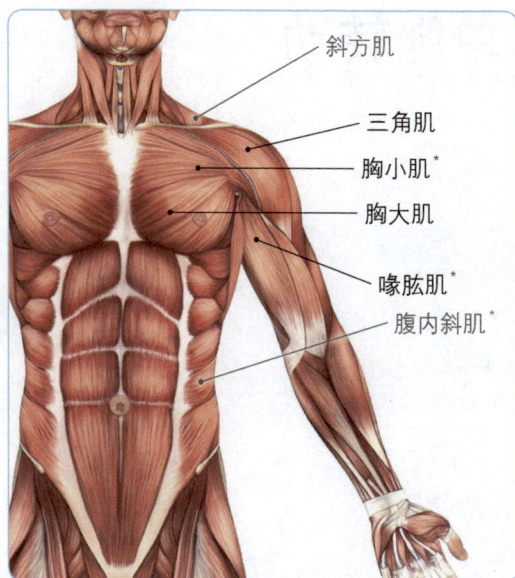

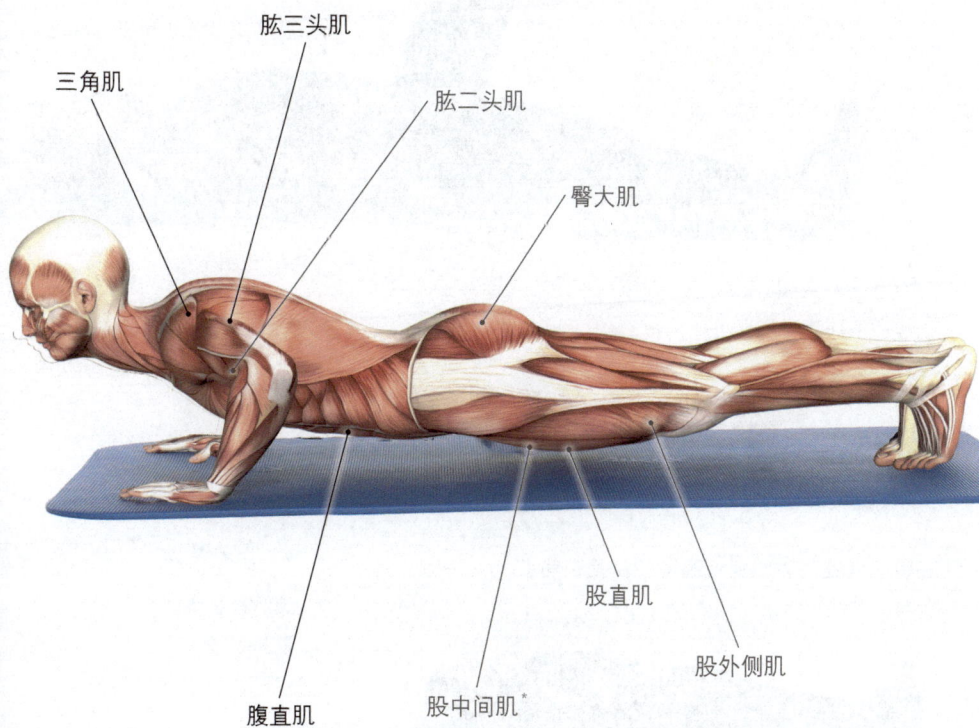

斜方肌

三角肌

胸小肌*

胸大肌

喙肱肌*

腹内斜肌*

肱三头肌

三角肌

肱二头肌

臀大肌

腹直肌

股中间肌*

股直肌

股外侧肌

单腿转动

锻炼目标

- 核心
- 大腿

锻炼器械

- 徒手

级别

- 初级

呼吸提示

- 全程均匀呼吸

注意 ⚠️

- 髋部若存在不适则不建议进行此项训练

① 身体呈仰卧姿,平躺于瑜伽垫上。双腿与肩同宽,双臂自然放于身体两侧,掌心向下。

② 腹部收紧,右腿伸直向上抬起,呈顺时针转动。

③ 右腿保持伸直,缓慢下落。

④ 右腿落地收回,双腿与肩同宽恢复准备姿势。完成规定次数,对侧亦然。

- **避免**

  头部向上抬起

- **正确做法**

  背部紧贴垫面
  腹部收紧

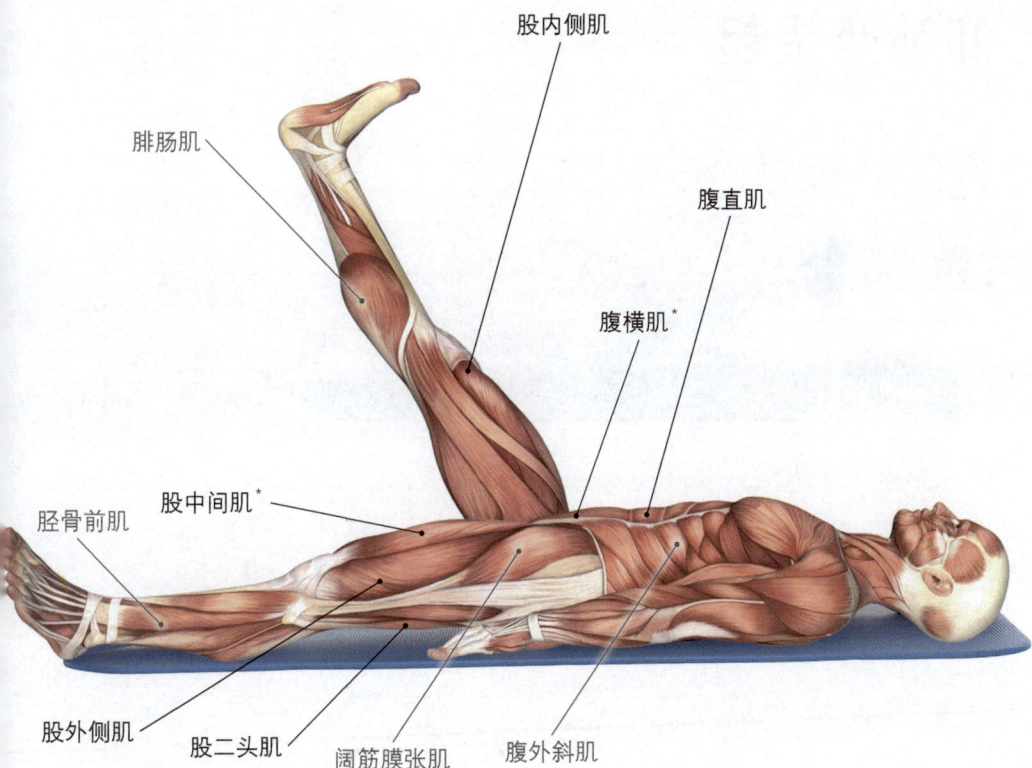

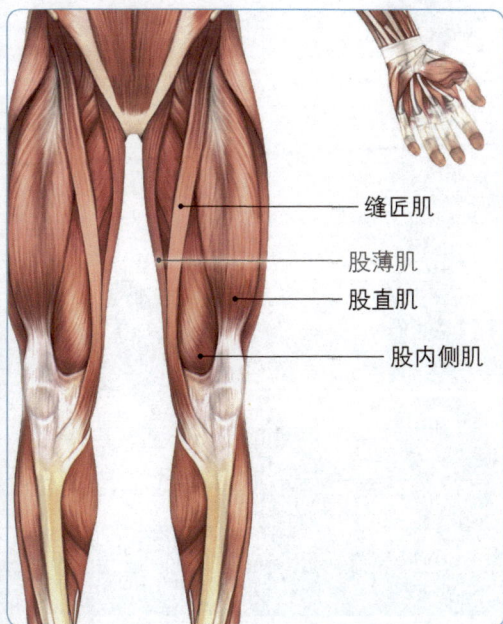

腓肠肌

股内侧肌

腹直肌

腹横肌*

胫骨前肌

股中间肌*

股外侧肌

股二头肌

阔筋膜张肌

腹外斜肌

缝匠肌

股薄肌

股直肌

股内侧肌

◆ 解析关键

黑色字体为主要锻炼的肌肉
灰色字体为次要锻炼的肌肉

最佳锻炼部位

- 股二头肌
- 股外侧肌
- 股内侧肌
- 股中间肌*
- 股直肌
- 腹横肌*
- 腹直肌
- 缝匠肌

仰卧两头起

① 身体呈仰卧姿，双腿伸直，向两侧打开，并向上略微抬起。双臂上举，抬于头部两侧。

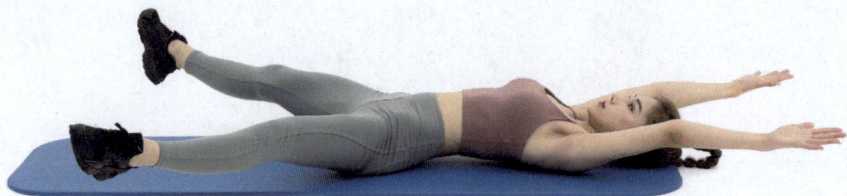

锻炼目标

- 核心
- 大腿
- 双臂

锻炼器械

- 徒手

级别

- 中级

呼吸提示

- 手脚举起时呼气，还原时吸气

注意

- 下背部若存在不适则不建议进行此项训练

避免

动作速度过快
双腿膝关节弯曲

正确做法

腹部收紧
四肢保持悬空

② 腹部收紧，双腿和双臂同时向上方抬起，双手接触小腿位置。重复动作，完成规定次数。

第4章 核心力量练习

◆ 解析关键

黑色字体为主要锻炼的
肌肉
灰色字体为次要锻炼的
肌肉

最佳锻炼部位

- 腹横肌*
- 腹直肌
- 股直肌

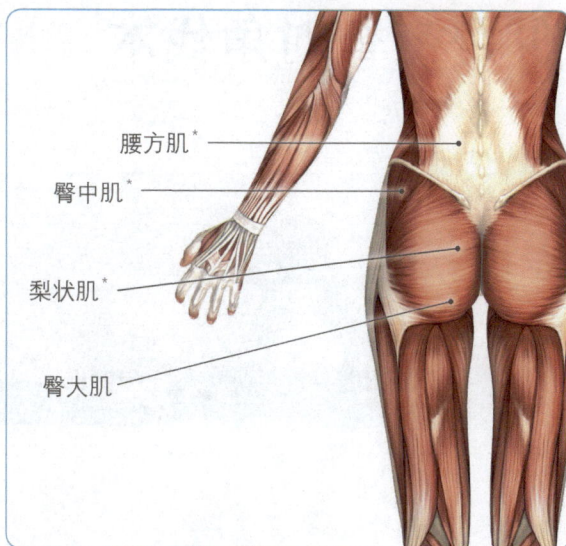

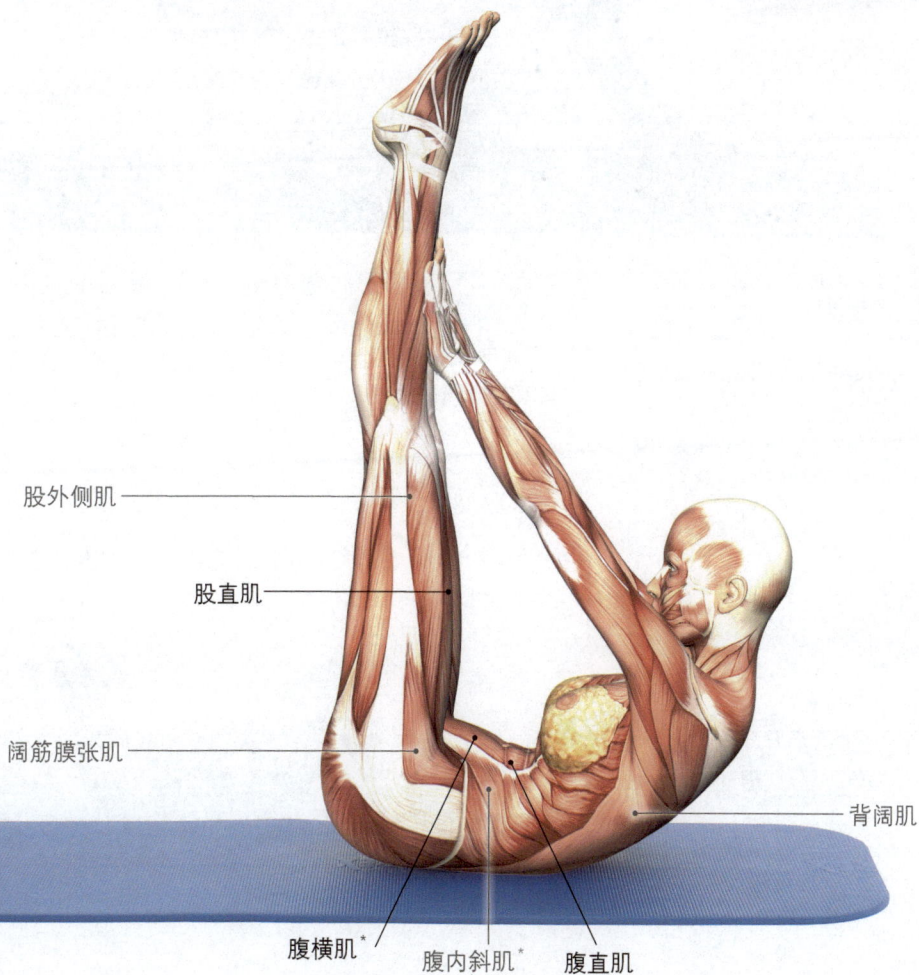

腰方肌*

臀中肌*

梨状肌*

臀大肌

第4章

核心力量练习

股外侧肌

股直肌

阔筋膜张肌

背阔肌

腹横肌*   腹内斜肌*   腹直肌

| 105

仰卧交替对角伐木

① 身体呈仰卧姿势，双腿屈膝，双脚着地。双手交叉握紧，自然落于腹部。

- **避免**

颈部向前伸

双脚移动位置

锻炼目标

- 核心
- 背部

锻炼器械

- 徒手

级别

- 初级

呼吸提示

- 转体时呼气，还原时吸气

注意 ⚠

- 下背部若存在不适则不建议进行此项训练

- **正确做法**

下巴向下收紧

全程保持核心收紧

② 卷腹起身，上身转向左侧，双手随之落于大腿左侧。

③ 稍做停顿，上身转向右侧，双手随之落于大腿右侧。重复动作，完成规定次数。

◆ **解析关键**

黑色字体为主要锻炼的
肌肉
灰色字体为次要锻炼的
肌肉

- 腹直肌
- 腹外斜肌
- 腹内斜肌*
- 竖脊肌*
- 腹横肌*

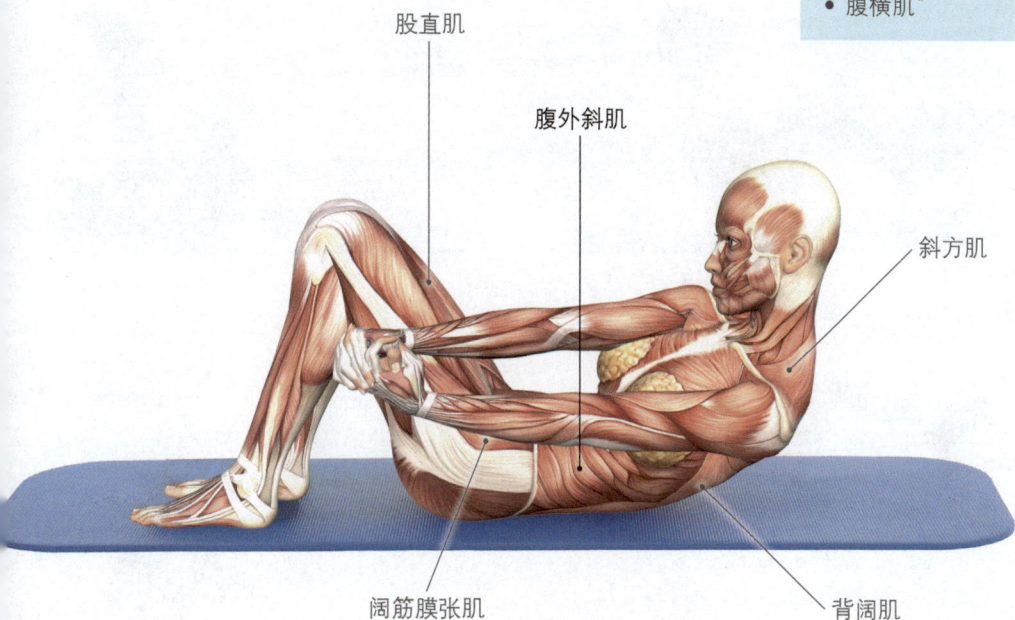

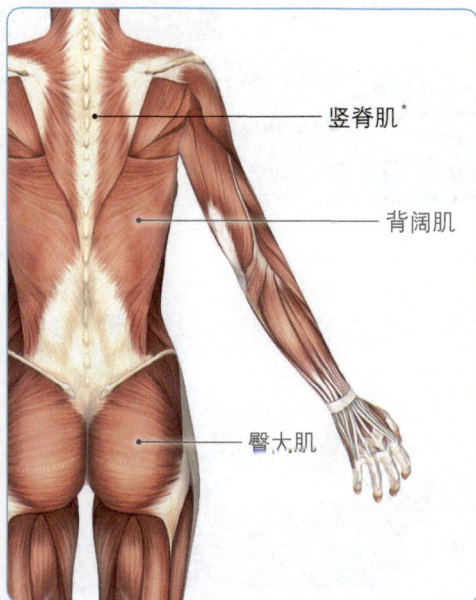

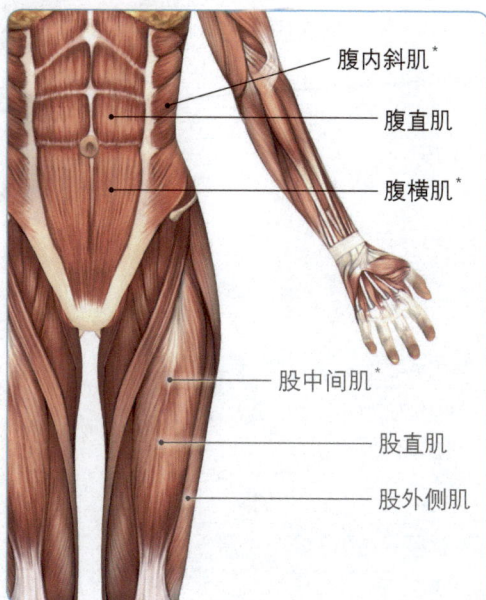

股直肌

腹外斜肌

斜方肌

阔筋膜张肌

背阔肌

第4章

核心力量练习

竖脊肌*

腹内斜肌*

腹直肌

背阔肌

腹横肌*

臀大肌

股中间肌*

股直肌

股外侧肌

摇滚自行车

① 身体呈坐姿，臀部支撑身体。上身略微后倾，双腿屈膝，双脚抬离垫面，双手环抱膝盖。

② 身体后仰，做后滚翻动作，臀部及下背部离开垫面。

③ 恢复准备姿势，双手扶于头部两侧。

④ 上身向左侧扭转，右侧手肘与对侧膝盖接触，双腿做蹬车动作。

⑤ 上身向右侧扭转，左侧手肘与对侧膝盖接触，双腿做蹬车动作。重复动作，完成规定次数。

锻炼目标
- 核心

锻炼器械
- 徒手

级别
- 初级

呼吸提示
- 全程均匀呼吸

注意 ⚠
- 背部若存在不适则不建议进行此项训练

- **正确做法**
  全程保持核心收紧

- **避免**
  双腿动作过快

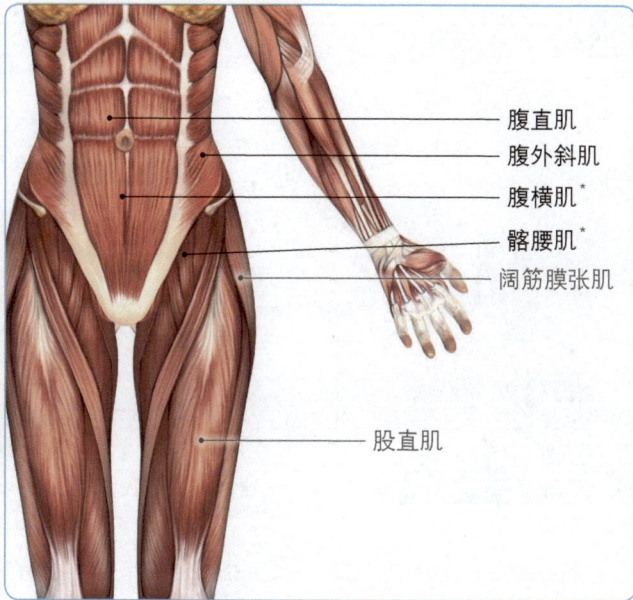

腹直肌
腹外斜肌
腹横肌*
髂腰肌*
阔筋膜张肌

股直肌

◆　　解析关键

黑色字体为主要锻炼的
肌肉
灰色字体为次要锻炼的
肌肉

最佳锻炼部位

- 腹横肌*
- 腹直肌
- 腹内斜肌*
- 腹外斜肌
- 髂腰肌*

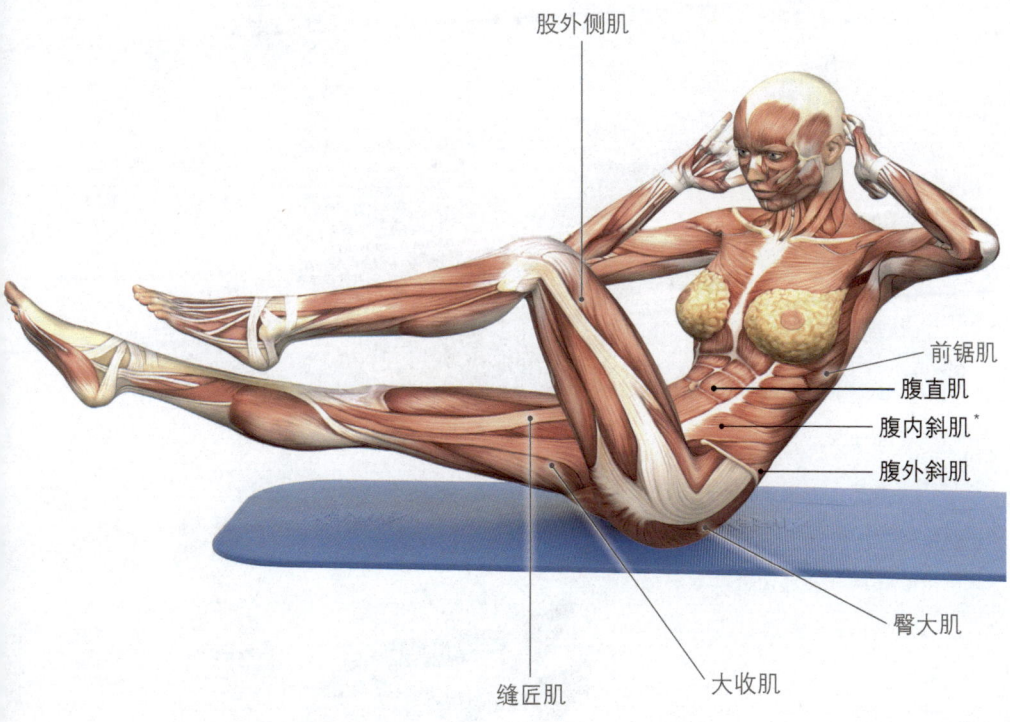

股外侧肌

前锯肌
腹直肌
腹内斜肌*
腹外斜肌

臀大肌

缝匠肌　　　大收肌

坐姿仰卧剪刀腿

① 身体呈仰卧姿势，臀部支撑身体，双手掌心向下落于身体两侧。双腿微屈，向上抬起约15厘米。

锻炼目标
- 核心
- 大腿

锻炼器械
- 徒手

级别
- 初级

呼吸提示 ◑
- 全程均匀呼吸

注意 ⚠
- 背部若存在不适则不建议进行此项训练

② 保持核心收紧，双腿呈剪刀姿势，左腿在上，右腿在下。

第 4 章

核心力量练习

- **正确做法**

  双臂位置保持固定
  保持核心收紧，背部挺直

- **避免**

  颈部向前伸
  背部弯曲

③ 双腿呈剪刀姿势，右腿在上，左腿在下，进行左右交叉运动。重复动作，完成规定次数。

股外侧肌

股直肌

腹横肌*

腹直肌

三角肌

腹外斜肌

腹内斜肌*

臀大肌

腓肠肌

股二头肌

腹外斜肌

腹直肌

腹横肌*

阔筋膜张肌

股直肌

股中间肌*

股外侧肌

第4章

核心力量练习

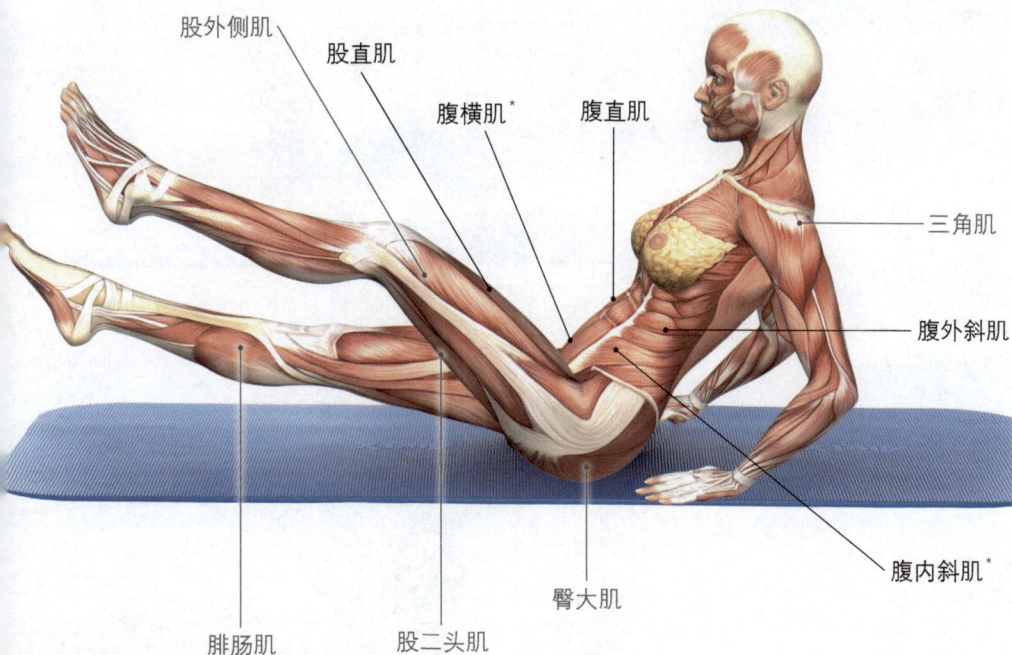

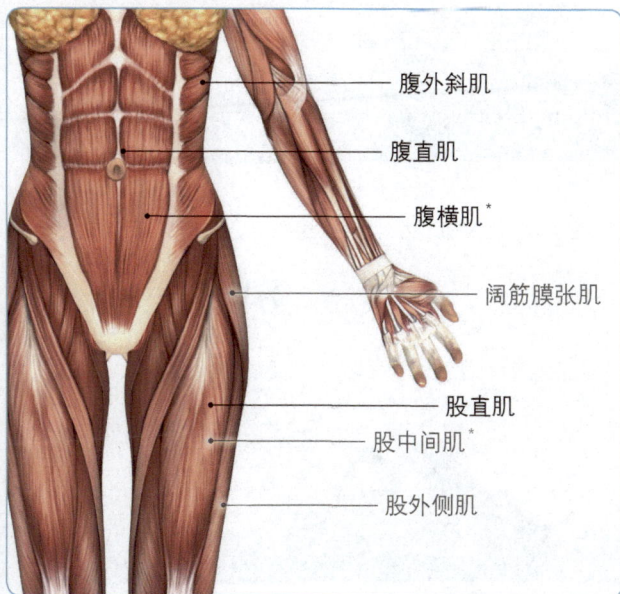

🧍 最佳锻炼部位

• 腹直肌
• 腹横肌*
• 股直肌
• 腹外斜肌
• 腹内斜肌*

坐姿转体

锻炼目标

- 肩部
- 背部
- 核心

锻炼器械

- 徒手

级别

- 初级

呼吸提示

- 全程均匀呼吸

注意 ⚠

- 背部若存在不适则不建议进行此项训练

① 身体呈坐姿，双腿屈膝，双脚撑地。背部挺直，双手扶于头部两侧。

② 保持核心收紧，上身向一侧扭转，头部随上身同时转动。

③ 向另一侧转体，恢复准备姿势。重复动作，完成规定次数。

- **正确做法**

  保持躯干稳定

- **避免**

  背部弯曲
  上身过度后仰

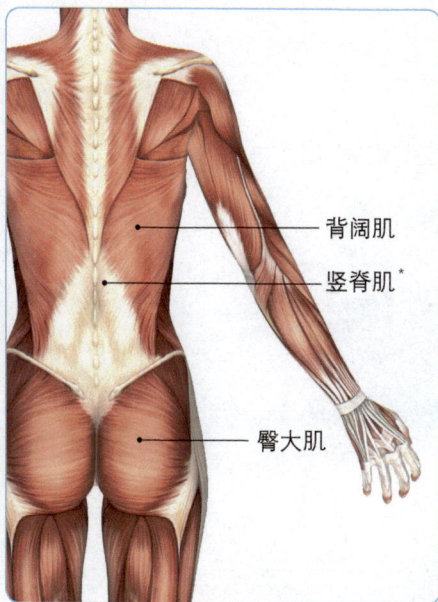

- 背阔肌
- 臀大肌
- 腹直肌
- 腹外斜肌
- 腹内斜肌*
- 竖脊肌*

◆ **解析关键**

黑色字体为主要锻炼的
肌肉
灰色字体为次要锻炼的
肌肉

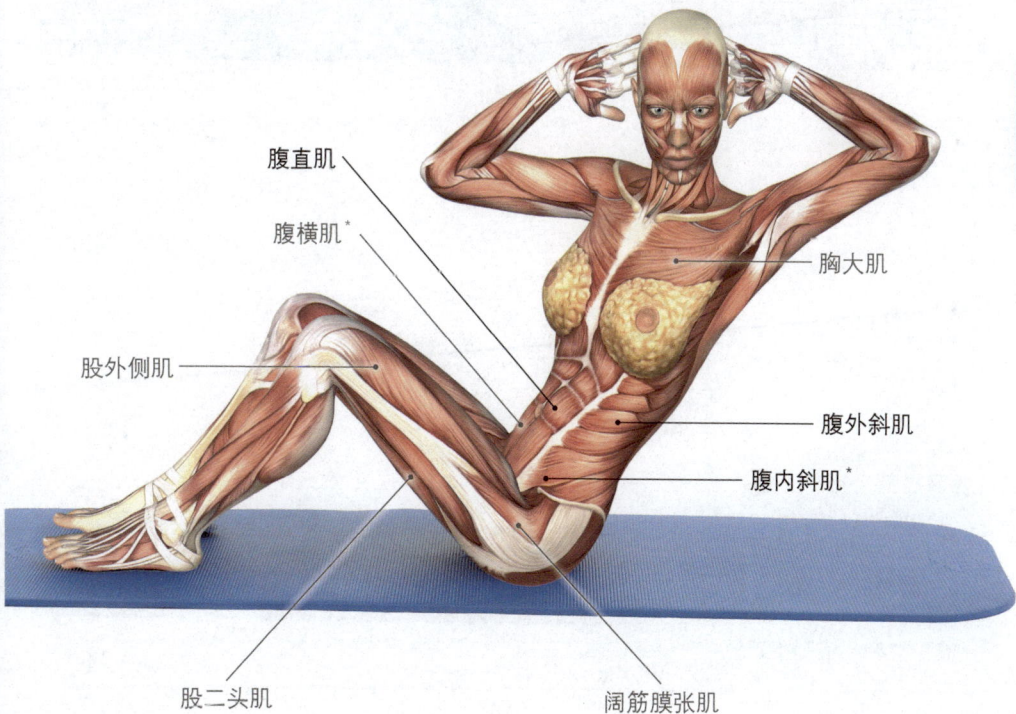

背阔肌

竖脊肌*

臀大肌

第4章

核心力量练习

腹直肌

腹横肌*

胸大肌

股外侧肌

腹外斜肌

腹内斜肌*

股二头肌

阔筋膜张肌

| 113

贝壳练习

① 身体呈侧卧姿，贴地的手臂弯曲置于头部下方，非贴地的手臂撑住胸部前方垫面，双腿并拢屈膝。

- **避免**

  骨盆转动过多

- **正确做法**

  背部挺直

  始终保持骨盆向前

② 核心收紧，保持双脚接触，髋部外侧肌群发力使非贴地的腿向上抬起，保持动作。

③ 恢复准备姿势，完成规定次数，对侧亦然。

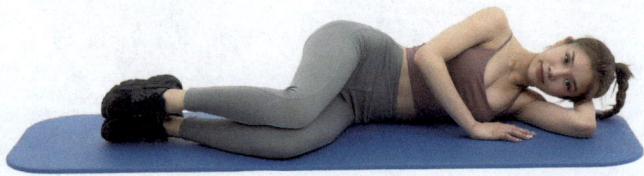

锻炼目标

- 髋部
- 大腿
- 核心

锻炼器械

- 徒手

级别

- 初级

呼吸提示

- 上抬时呼气，还原时吸气

注意 ⚠

- 髋部存在不适则不建议进行此项训练

第4章

核心力量练习

114

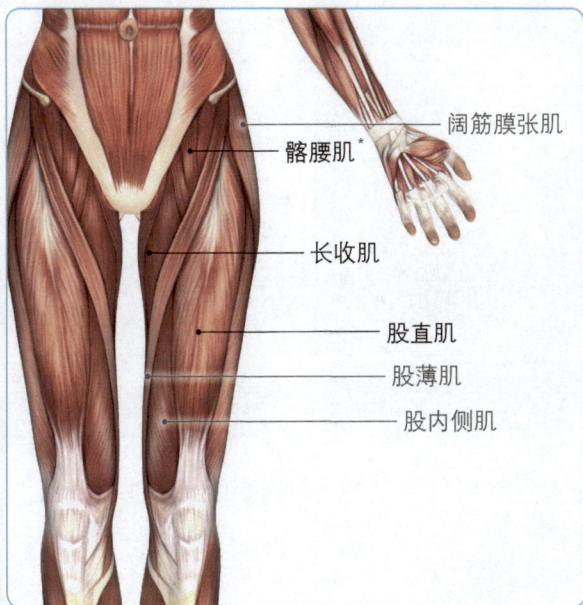

阔筋膜张肌

髂腰肌*

长收肌

股直肌

股薄肌

股内侧肌

- 长收肌
- 腹直肌
- 髂腰肌*
- 股直肌
- 腹外斜肌
- 大收肌*

◆ 解析关键

黑色字体为主要锻炼的
肌肉
灰色字体为次要锻炼的
肌肉

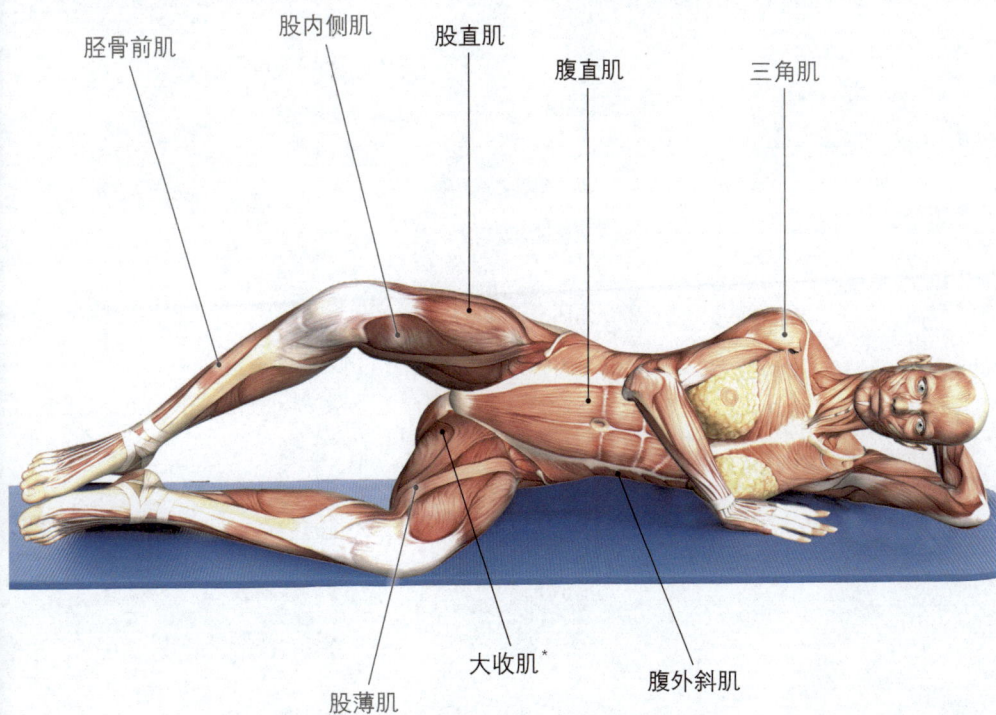

胫骨前肌

股内侧肌

股直肌

腹直肌

三角肌

大收肌*

股薄肌

腹外斜肌

第4章

核心力量练习

05

CHAPTER FIVE

第 5 章
核心爆发力练习

过顶抛接球

❶ 一人坐于垫上，臀部和双脚脚跟着地。双膝屈曲，双脚分开，脚尖朝前。双肘屈曲，双手呈接球姿势于胸前，做好接球准备。同伴面向练习者直立，双手持球，做好抛球准备。

❷ 同伴向练习者抛药球，练习者双手接药球，双臂举至头部上方。

❸ 练习者上身后仰缓冲，紧贴垫面，双手持药球稳定于头部上方。

❹ 练习者利用腹肌的力量拉起上身，同时双手尽可能快速地将药球抛给同伴。

锻炼目标
- 核心

锻炼器械
- 药球

级别
- 高级

呼吸提示
- 抛球时呼气，接球时吸气

注意 ⚠️
- 下背部若存在不适则不建议进行此项训练

• 避免
抛接动作过慢

• 正确做法
全程保持核心收紧

❺ 同伴双手接药球完成动作。重复动作，完成规定次数。

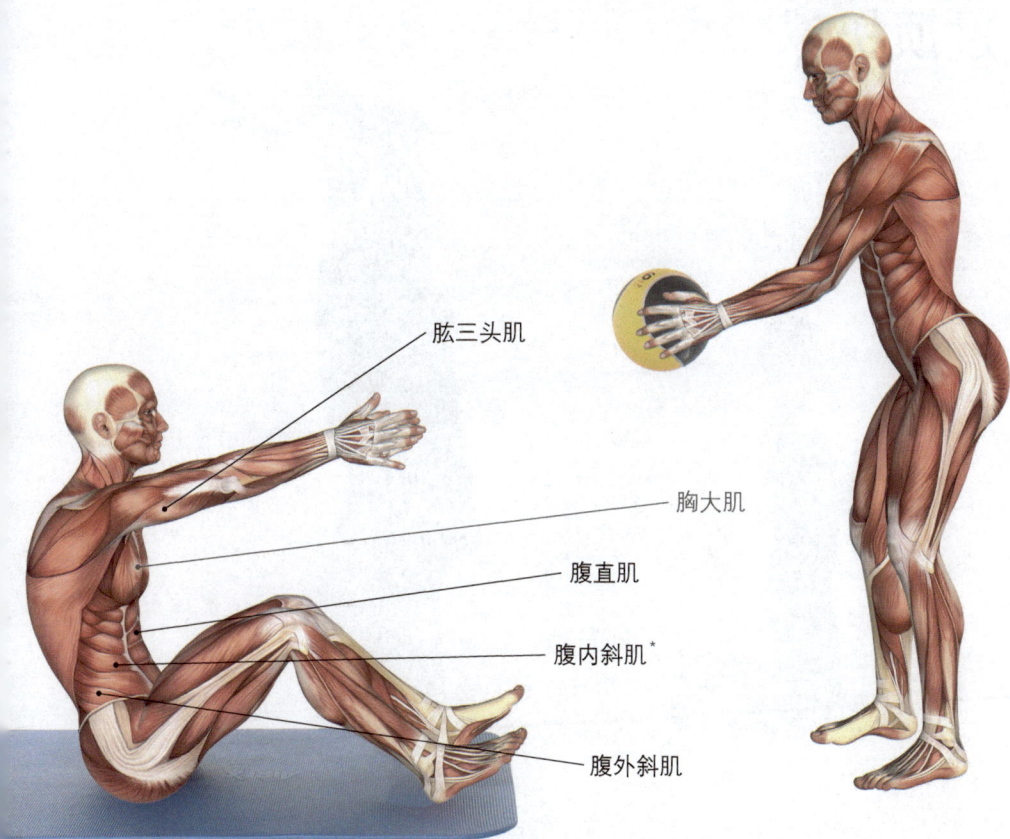

肱三头肌

胸大肌

腹直肌

腹内斜肌*

腹外斜肌

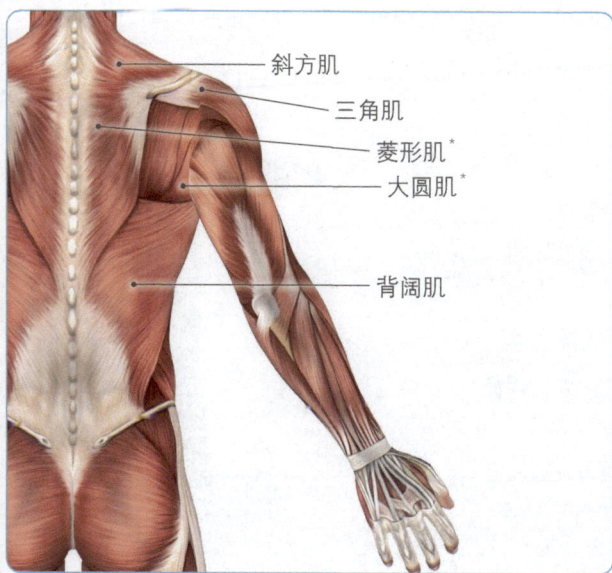

斜方肌

三角肌

菱形肌*

大圆肌*

背阔肌

◆ **解析关键**

黑色字体为主要锻炼的肌肉

灰色字体为次要锻炼的肌肉

最佳锻炼部位

- 腹直肌
- 腹内斜肌*
- 腹外斜肌
- 肱三头肌

第5章

核心爆发力练习

| 119

过顶扔球

① 身体呈跪姿，双腿略微分开，膝关节弯曲90度跪于垫上，躯干直立。双手紧握药球，双臂弯曲，将药球举至胸前。

② 保持躯干姿势不变，双臂向上推举药球至头部后上方。

锻炼目标

- 核心
- 肩部
- 背部

锻炼器械

- 药球

级别

- 高级

呼吸提示 🌓

- 举球时吸气，扔球时呼气

注意 ⚠

- 肩部若存在不适则不建议进行此项训练

③ 双臂前伸，快速向前扔出药球。重复动作，完成规定次数。

- **避免**

  上身过度后仰

- **正确做法**

  核心收紧，背部挺直
  球抛得越远越好

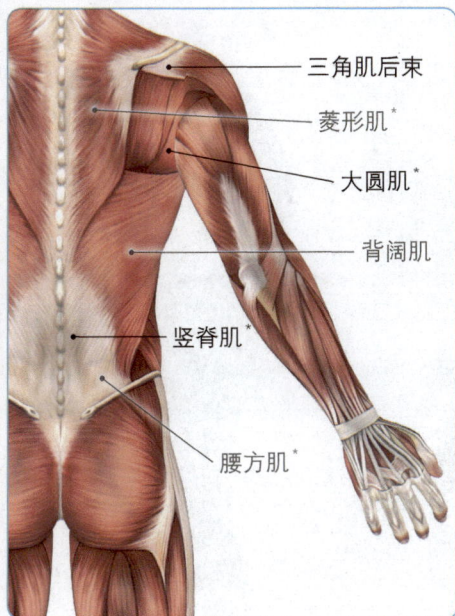

三角肌后束

菱形肌*

大圆肌*

背阔肌

竖脊肌*

腰方肌*

最佳锻炼部位

- 三角肌后束
- 腹直肌
- 竖脊肌*
- 大圆肌*
- 腹横肌*
- 肱三头肌

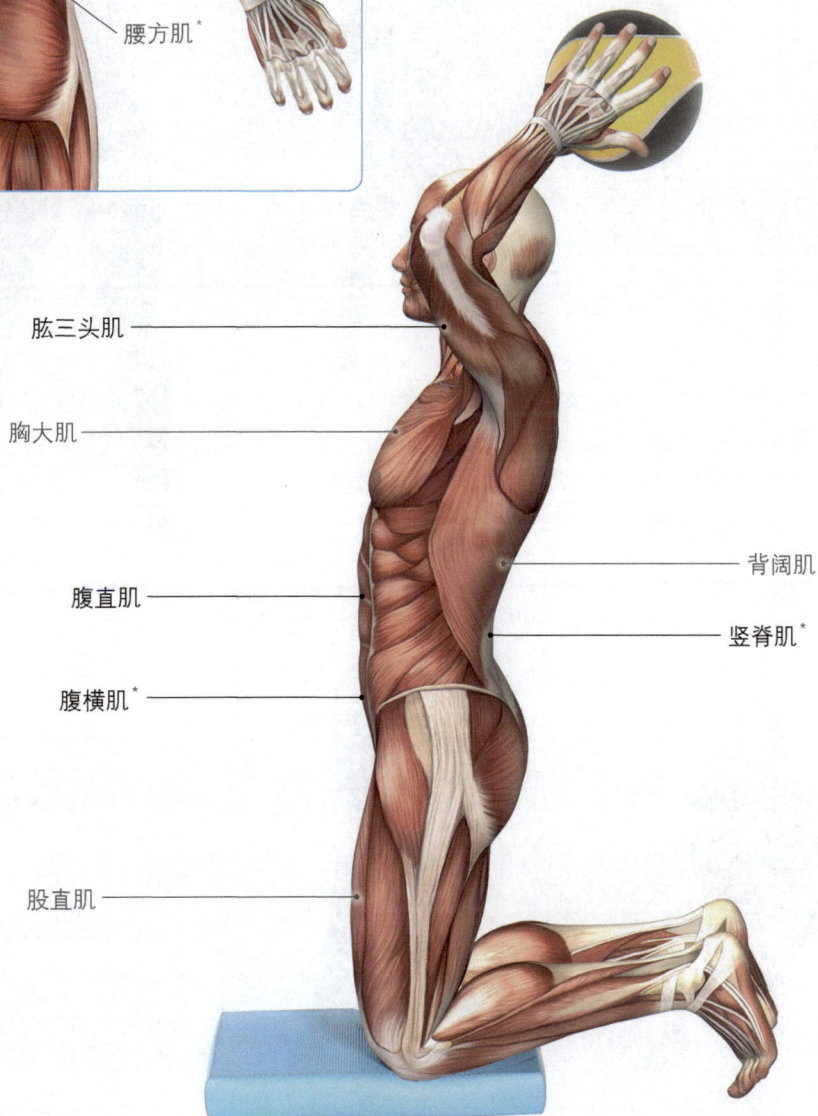

肱三头肌

胸大肌

腹直肌

腹横肌*

股直肌

背阔肌

竖脊肌*

第5章

核心爆发力练习

121

过顶下砍

❶ 身体呈站姿，双脚分开略比肩宽。双手紧握药球把手，双臂弯曲，将药球举至胸前。

❸ 身体下蹲至大腿尽可能与地面平行，躯干向前屈，双臂快速下砍至药球到达双腿之间。

❹ 动作完成，重复动作，完成规定次数。

❷ 保持挺胸抬头，双臂向上推举药球超过头顶，肘部可略微弯曲。

- 避免
  驼背

- 正确做法
  全程保持核心收紧，背部挺直

最佳锻炼部位

- 腹直肌
- 前锯肌
- 腹内斜肌
- 腹外斜肌 *
- 斜方肌
- 肩胛提肌 *
- 肱三头肌

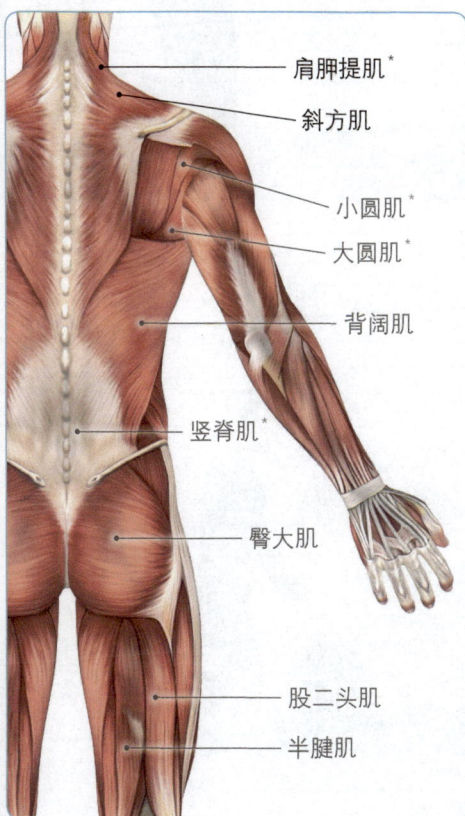

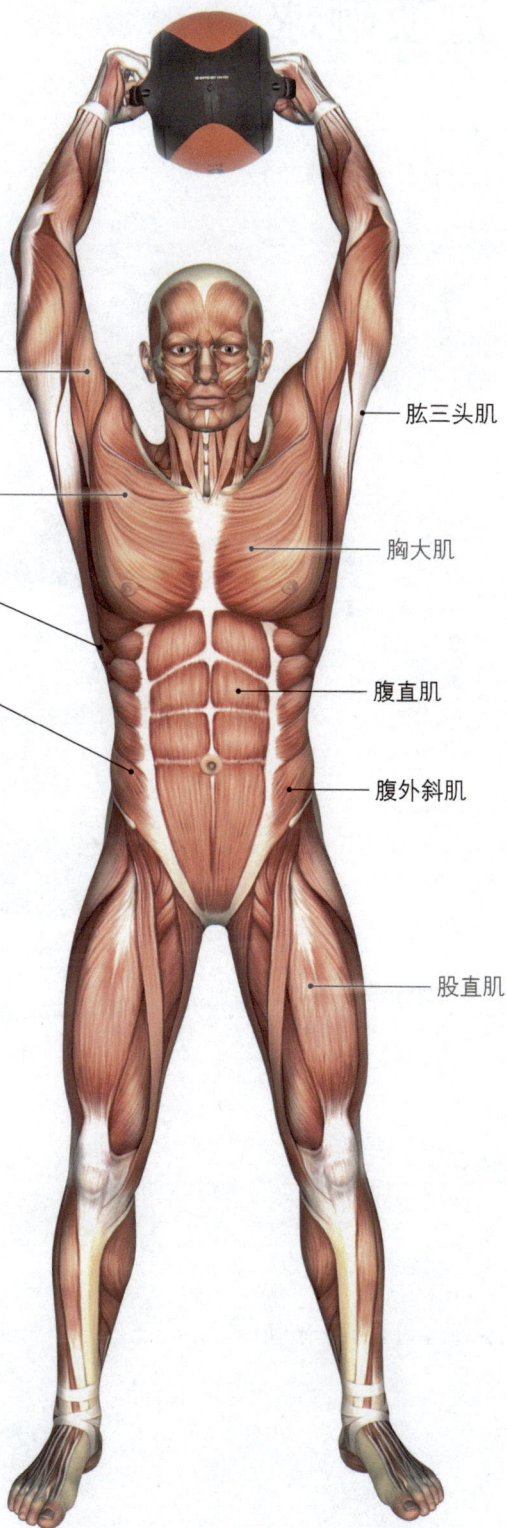

肱二头肌

胸小肌 *

前锯肌

腹内斜肌 *

肱三头肌

胸大肌

腹直肌

腹外斜肌

股直肌

肩胛提肌 *

斜方肌

小圆肌 *

大圆肌 *

背阔肌

竖脊肌 *

臀大肌

股二头肌

半腱肌

过顶砸球

❶ 身体呈跪姿，双膝跪于瑜伽砖上。双肘屈曲，
手持药球于腹部前方。

❷ 保持背部挺直，快速将药球经头
顶移至头部后方。

● **避免**

上身过度后仰

● **正确做法**

核心收紧，背部挺直

锻炼目标
- 核心
- 背部

锻炼器械
- 药球

级别
- 高级

呼吸提示 🌓
- 举球时吸气，砸球时
呼气

注意 ⚠️
- 肩部若存在不适则不建
议进行此项训练

❸ 然后用最大力量快速将药球砸向地面。重复动作，完成
规定次数。

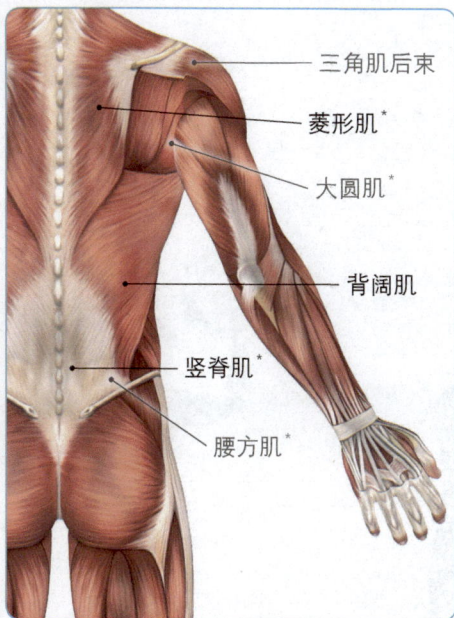

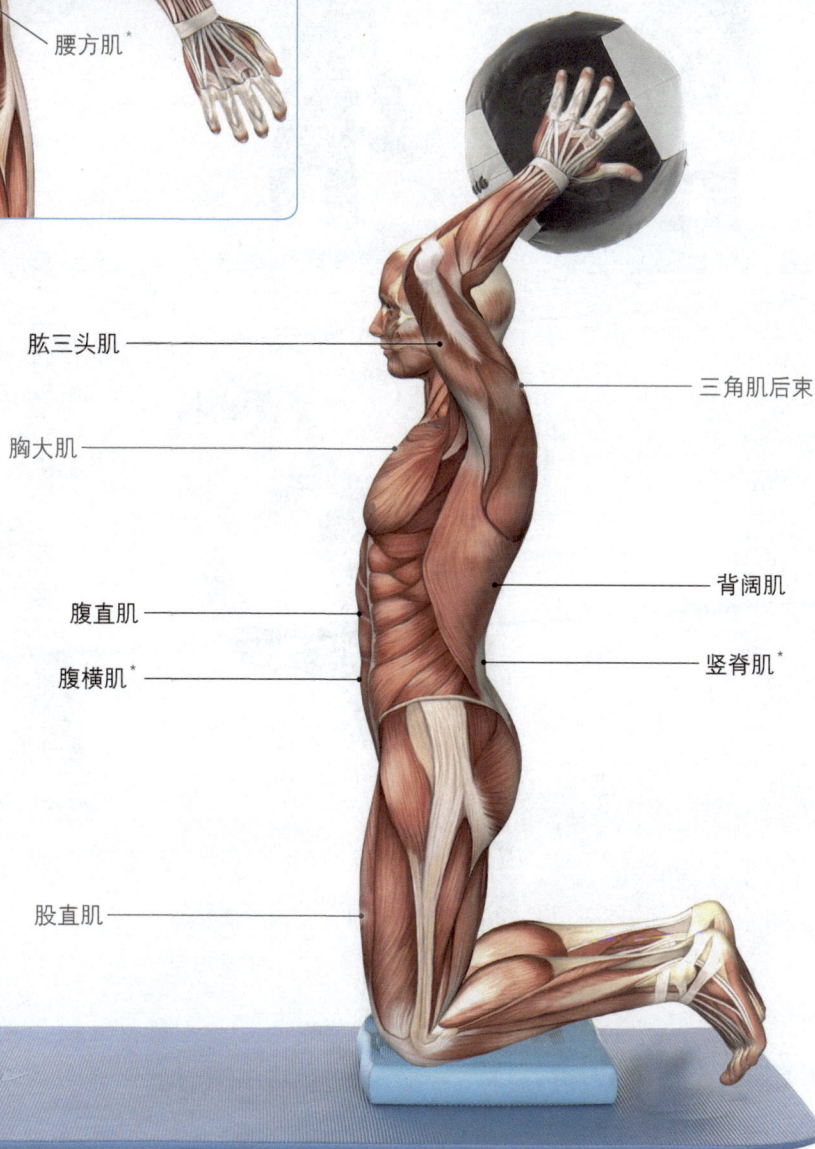

三角肌后束

菱形肌*

大圆肌*

背阔肌

竖脊肌*

腰方肌*

肱三头肌

三角肌后束

胸大肌

背阔肌

腹直肌

竖脊肌*

腹横肌*

股直肌

第5章

核心爆发力练习

跪姿旋转过顶砸球

① 身体呈跪姿，膝关节弯曲跪于瑜伽砖上，躯干直立，双手紧握药球置于腹部。

② 双臂向右侧移动药球至髋部右侧。

③ 双臂上举药球，至头部右上方。

锻炼目标
- 核心
- 肩部

锻炼器械
- 药球

级别
- 高级

呼吸提示 🌓
- 举球时吸气，砸球时呼气

注意 ⚠️
- 肩部若存在不适则不建议进行此项训练

④ 身体左转，双手持药球移动至头部左上方。

⑤ 双臂迅速向左侧地面下砸药球。重复动作，完成规定次数，对侧亦然。

- **避免**

  上身后仰

- **正确做法**

  全程保持核心收紧，背部挺直

核心爆发力练习

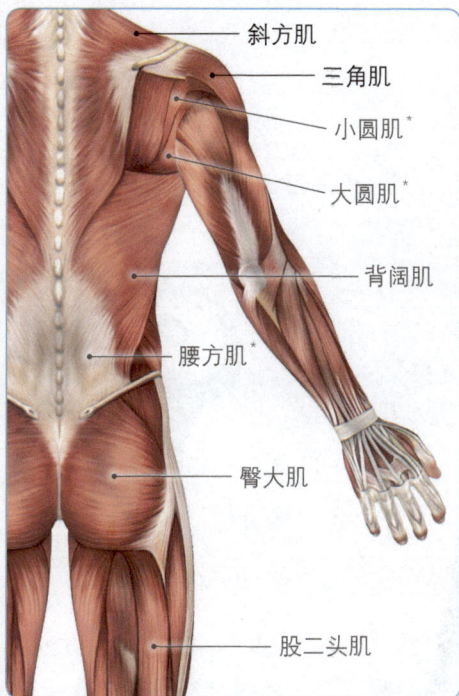

斜方肌

三角肌

小圆肌*

大圆肌*

背阔肌

腰方肌*

臀大肌

股二头肌

最佳锻炼部位

- 腹直肌
- 腹外斜肌
- 腹内斜肌*
- 三角肌
- 斜方肌
- 前锯肌
- 肱三头肌

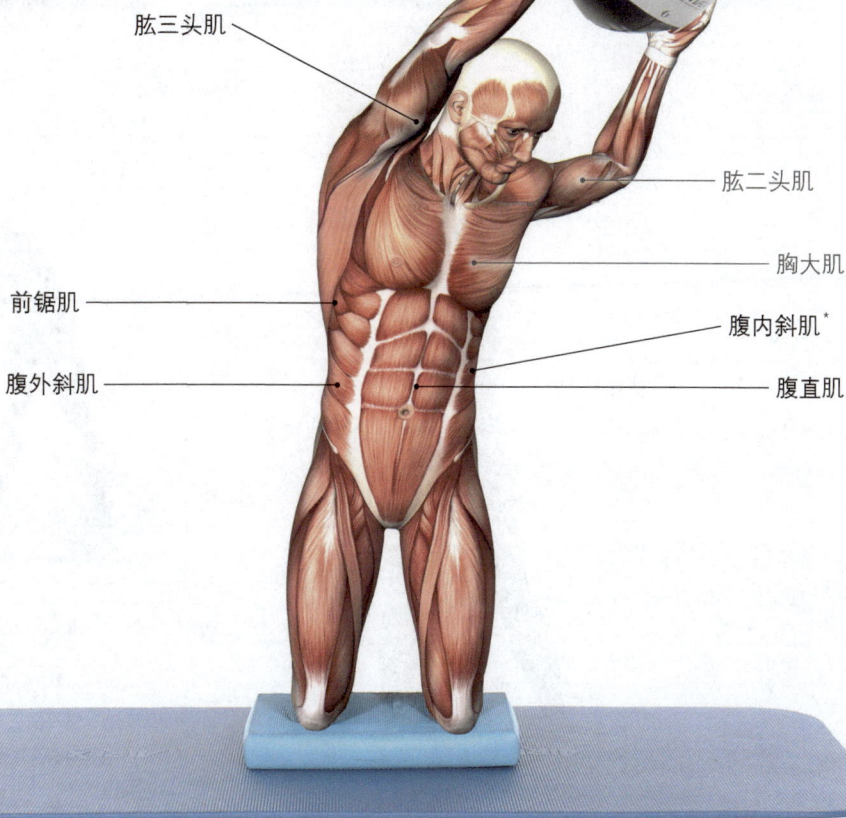

肱三头肌

肱二头肌

胸大肌

前锯肌

腹内斜肌*

腹外斜肌

腹直肌

第5章

核心爆发力练习

直立姿旋转过顶砸球

❶ 身体呈站立姿，双脚分开略比肩宽，双手紧握药球，双臂弯曲，将药球置于腹部。

❷ 双臂向右侧移动药球至髋部右侧。

❸ 双臂上举，至头部上方。

锻炼目标
- 核心
- 双臂

锻炼器械
- 药球

级别
- 高级

呼吸提示
- 举球时吸气，砸球时呼气

注意 ⚠
- 肩部若存在不适则不建议进行此项训练

❹ 身体向左侧扭转，双手持药球移动至头部左上方。

❺ 双臂用力下砸药球。重复动作，完成规定次数，对侧亦然。

- **避免**

  上身后仰

- **正确做法**

  全程保持核心收紧，背部挺直

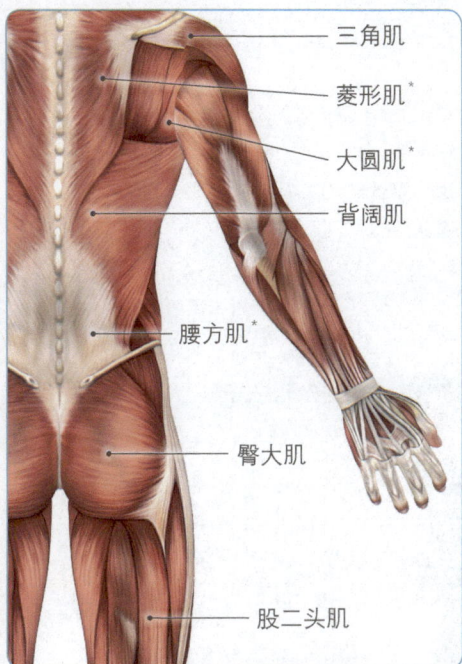

三角肌

菱形肌*

大圆肌*

背阔肌

腰方肌*

臀大肌

股二头肌

◆ 解析关键

黑色字体为主要锻炼的
肌肉
灰色字体为次要锻炼的
肌肉

最佳锻炼部位

- 前锯肌
- 腹直肌
- 腹内斜肌*
- 腹外斜肌
- 肱三头肌

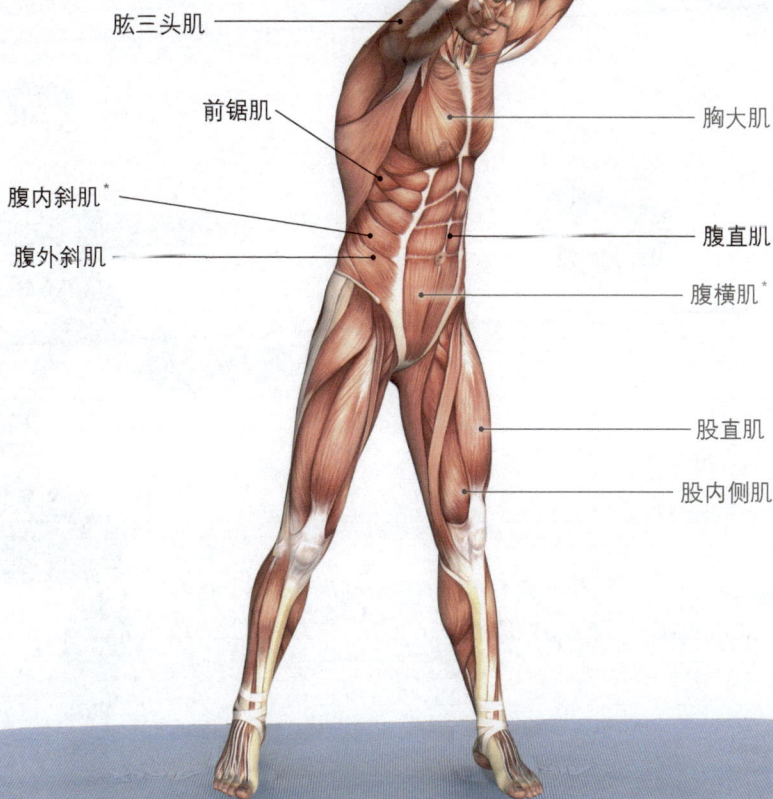

肱三头肌

前锯肌

腹内斜肌*

腹外斜肌

胸大肌

腹直肌

腹横肌*

股直肌

股内侧肌

第5章

核心爆发力练习

半跪姿垂直侧向扔球

❶ 左腿屈膝跪于瑜伽砖上，右腿屈髋屈膝约90度，右脚踏于身前地面。躯干直立，双手紧握药球，将药球举至腹部。

❷ 保持腿部姿势不变，躯干向左侧转动，双臂随之向左下方移动，将药球移至髋部左侧。

锻炼目标
- 核心
- 肩部

锻炼器械
- 药球

级别
- 高级

呼吸提示
- 举球时吸气，扔球时呼气

注意 ⚠
- 肩部若存在不适则不建议进行此项训练

- **避免**

  身体旋转速度过慢
  背部弯曲，核心放松

- **正确做法**

  全程保持核心收紧

❸ 躯干向右侧转动，双臂随之向右侧伸展并以最大力量快速抛出药球。重复动作，完成规定次数，对侧亦然。

- 腹外斜肌
- 腹直肌
- 腹内斜肌*
- 股直肌
- 三角肌
- 肱三头肌

◆　　**解析关键**

黑色字体为主要锻炼的
肌肉
灰色字体为次要锻炼的
肌肉

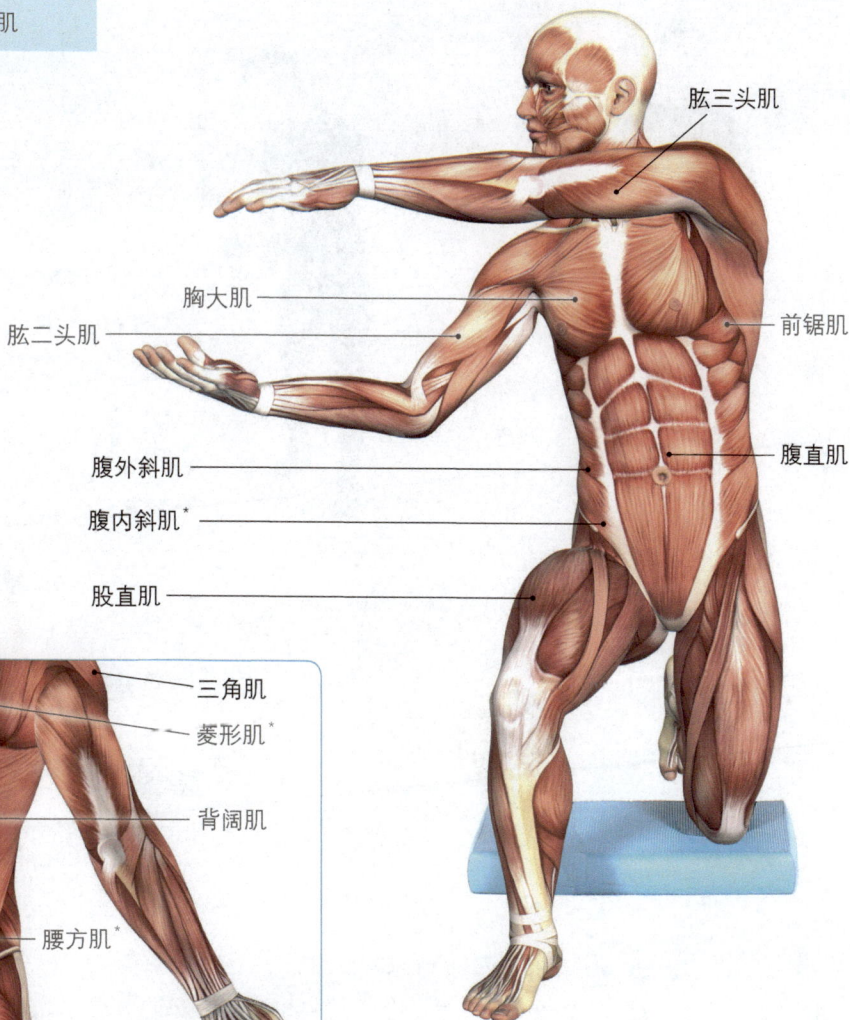

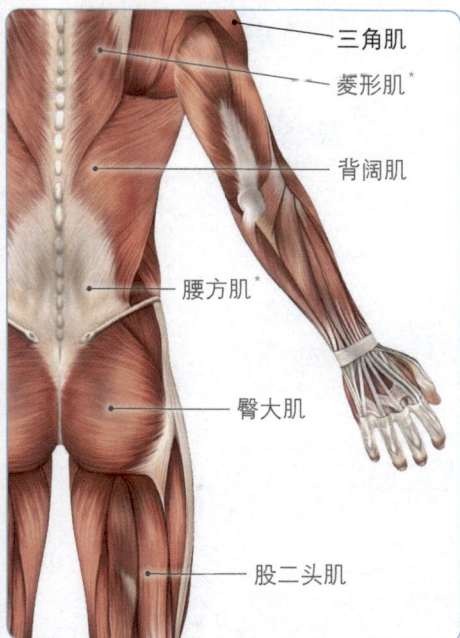

肱三头肌

胸大肌

前锯肌

肱二头肌

腹直肌

腹外斜肌

腹内斜肌*

股直肌

三角肌

菱形肌*

背阔肌

腰方肌*

臀大肌

股二头肌

分腿姿垂直侧向扔球

① 身体呈站姿，双脚前后分开，右脚在前。双臂弯曲双手紧握药球，置于腹部。

② 保持腿部姿势不变，躯干向左侧转动，双臂随之向左下方移动，将药球移至髋部左侧。

- **避免**

  身体旋转速度过慢

  背部弯曲，核心放松

- **正确做法**

  全程保持核心收紧

锻炼目标
- 核心
- 肩部
- 大腿

锻炼器械
- 药球

级别
- 高级

呼吸提示
- 举球时吸气，扔球时呼气

注意 ⚠
- 肩部若存在不适则不建议进行此项训练

③ 躯干向右侧转动，双臂随之向右侧伸展并以最大力量快速抛出药球。重复动作，完成规定次数，对侧亦然。

- 腹外斜肌
- 腹内斜肌*
- 腹直肌
- 三角肌
- 股直肌
- 肱三头肌

◆ **解析关键**

黑色字体为主要锻炼的
肌肉
灰色字体为次要锻炼的
肌肉

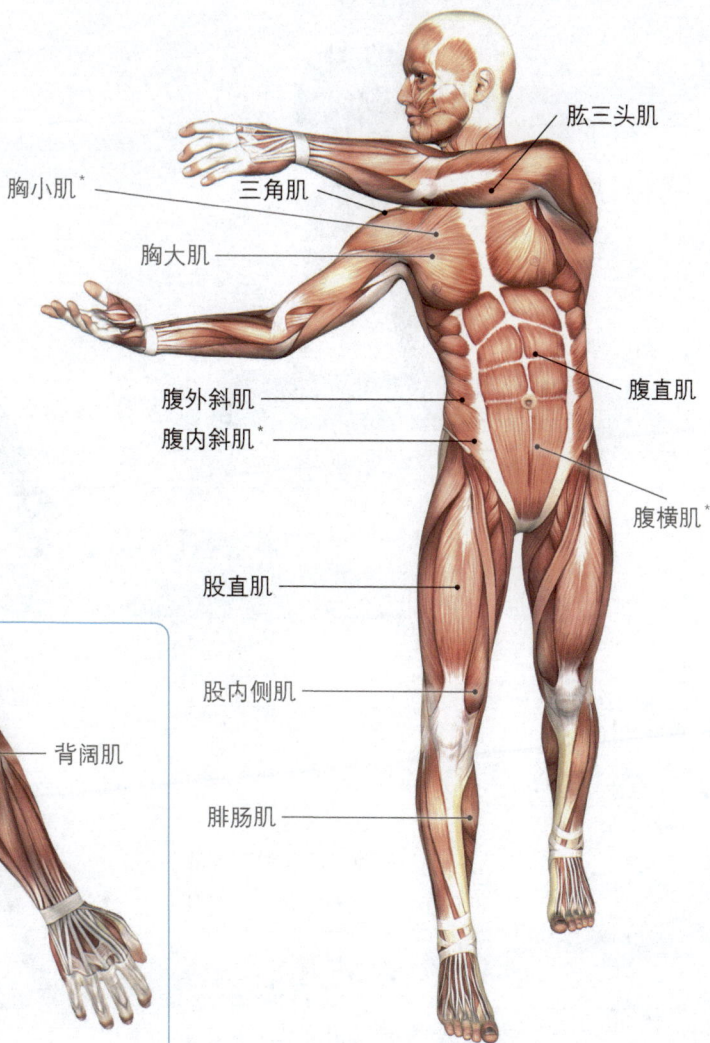

肱三头肌

胸小肌*

三角肌

胸大肌

腹外斜肌

腹内斜肌*

腹直肌

腹横肌*

股直肌

股内侧肌

腓肠肌

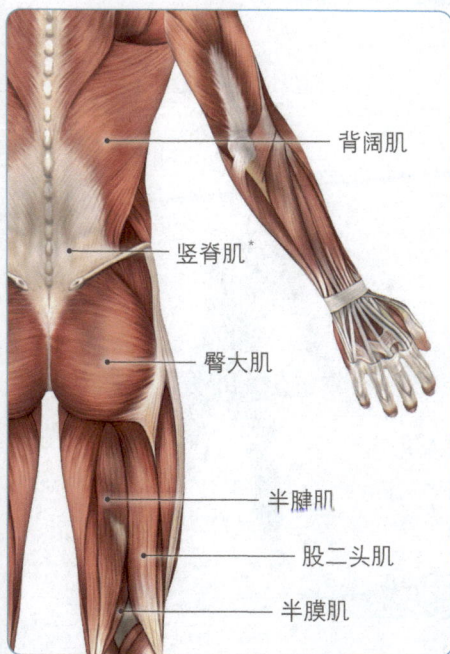

背阔肌

竖脊肌*

臀大肌

半腱肌

股二头肌

半膜肌

侧向下砍

① 身体呈站姿，双脚分开略比肩宽。双手紧握药球，双臂弯曲，将药球置于腹部。

② 保持双脚位置不变，向左侧转身，双臂顺势向左上方推举药球至头部左上方。

③ 腹部发力，向右侧转身，双臂随之下砸药球。重复动作，完成规定次数，对侧亦然。

锻炼目标
- 核心

锻炼器械
- 药球

级别
- 高级

呼吸提示
- 举球时吸气，砸球时呼气

注意 ⚠️
- 背部或肩部存在不适则不建议进行此项训练

- **避免**
身体旋转速度过慢
背部弯曲，核心放松

- **正确做法**
全程保持核心收紧，背部挺直

斜方肌

小圆肌*

大圆肌*

竖脊肌*

背阔肌

腰方肌*

臀小肌*

三角肌

肱三头肌

背阔肌

腹外斜肌

腹内斜肌*

腹直肌

腹横肌*

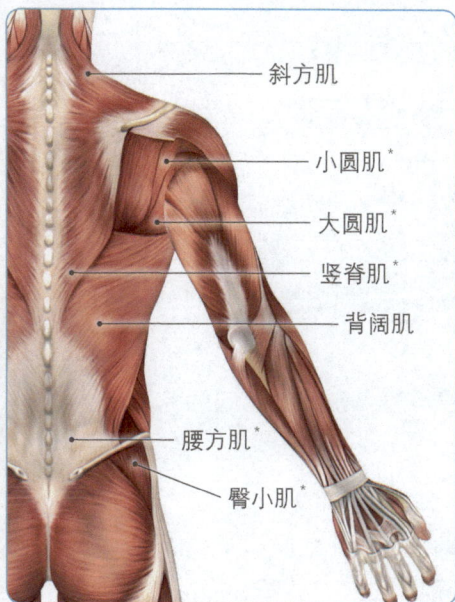

◆ 解析关键

黑色字体为主要锻炼的肌肉
灰色字体为次要锻炼的肌肉

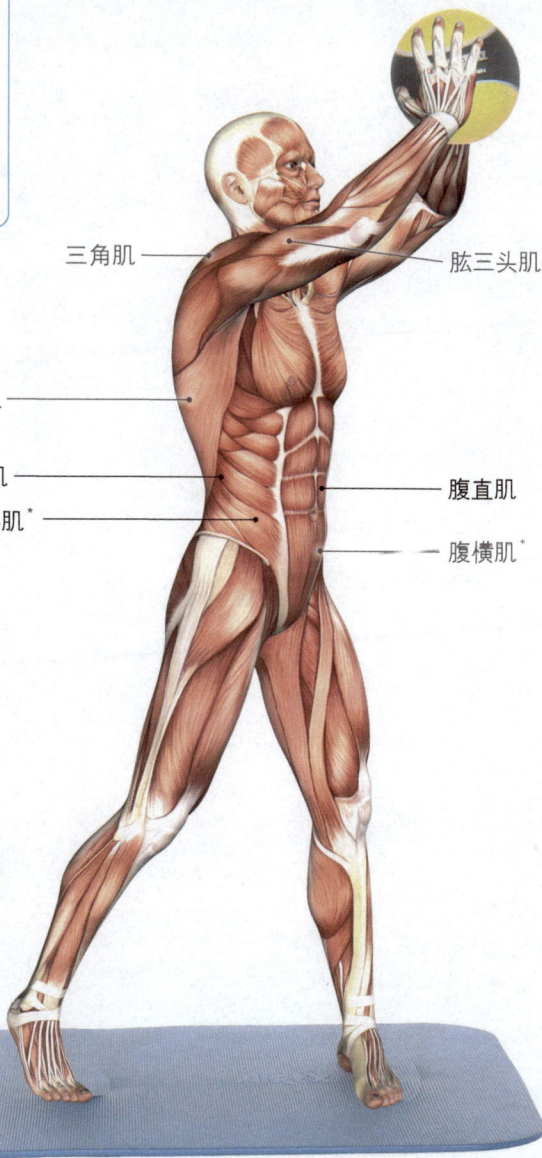

第5章 核心爆发力练习

06

CHAPTER SIX

第6章
训练计划

训练计划的设计方法

◆ 核心训练计划的设计方法

　　核心训练的根本目的在于通过提升身体核心的稳定性、力量及爆发力，为人体运动提供良好的运动姿势，从而提高全身能量传递的效率。如果核心稳定性缺失，那么就无法保证身体有良好的运动姿势，更不利于动作的完成。因此，核心训练的第一步应该是增强核心稳定性，主要发展核心的小肌群，从而提高躯干的整体稳定性；第二步是进一步增强核心力量，通过发展核心的整体肌群力量使身体具备强有力的躯干以完成某些高难度动作；第三步是增强核心爆发力，通过不同方式发展核心的力量传递能力。

核心训练动作顺序及动作难度分类表

项目	练习顺序	初级动作	中级动作	高级动作
核心稳定性	第1部分	静态	动态	静态+动态
核心力量	第2部分	徒手	轻器械	重器械
核心爆发力	第3部分	固定器械	自由器械	复合动作

◆ 不同阶段核心训练的内容

　　一般核心训练通常包括3部分内容：核心稳定性、核心力量和核心爆发力。在不同运动者的练习实践中，通过固定的周期练习，可以根据动作顺序及动作难度的分类，同时结合自身所需有针对性地选择练习内容，并循序渐进地进行练习。一般来说，初学者和中老年可以按照练习难度选择4~6个动作，每个动作练习6~8次，练习强度为50%~60%，练习组数为2~4组；运动健身爱好者可以根据自身需求和练习目的，按照难易等级选择6~8个动作，每个动作练习8~12次，练习强度为70%~80%，练习组数为4~6组；腹部塑形爱好者可以根据自身的情况和塑形目的，按照动作的练习部位和难易程度，选择适合自身的动作8~10个，每个动作练习12~15次，练习强度为60%~70%，练习组数为4~6组；专项运动的爱好者则需要根据专项运动的特点和练习目的，选择与专项运动有关的动作6~12个，每个动作练习9~12次，练习强度为79%~85%，练习组数为4~8组。练习3周为一个小周期，可以将这3周练习简单地分为基础周、强化周和针对周。

练习周期	练习目的
基础周	通过多次重复性练习来尽快掌握基本动作技术
强化周	逐步提高动作技术的准确性，从而提高动作质量
针对周	可以根据练习动作的原理以及动作模式，针对自身所需来选择相应的练习动作及练习顺序，通过进一步强化所练习动作，有效刺激机体所需肌群，使训练更有效

◆ 基础周训练计划示例

周一	周二	周三	周四	周五
核心稳定性（静态）	核心稳定性（动态）	核心稳定性（静态）	核心稳定性（动态）	核心稳定性（静态）
核心力量（徒手）	核心力量（轻器械）	核心力量（徒手）	核心力量（轻器械）	核心力量（重器械）
核心爆发力（固定）	核心爆发力（自由）	核心爆发力（固定）	核心爆发力（自由）	核心爆发力（复合动作）

◆ 强化周训练计划示例

周一	周二	周三	周四	周五
核心稳定性（静态）	核心稳定性（静态+动态）	核心稳定性（动态）	核心稳定性（不稳定）	核心稳定性（不稳定）
核心力量（徒手）		核心力量（徒手）		核心力量（自由器械）
核心爆发力（固定）		核心爆发力（自由）		核心爆发力（复合动作）

◆ 针对周训练计划示例

周一	周二	周三	周四	周五
核心力量（轻器械）	核心爆发力（复合动作）	核心力量（重器械）	核心爆发力（复合动作）	核心力量（轻器械）
核心爆发力（自由器械）		核心爆发力（自由器械）		核心爆发力（重器械）

初学者

A 平板支撑
第36页

B 臀桥
第52页

C 侧平板支撑
第44页

D 对侧上举
第38页

E 反式平板
第48页

F 转髋
第76页

G 动态前屈髋
第42页

H 直膝髋外展
第46页

I 坐姿仰卧剪刀腿
第110页

J 椅子式
第50页

K 单腿平衡
第56页

L 单腿跳
第58页

第 6 章

训练计划

140

中老年

A 平板支撑
第36页

B 臀桥
第52页

C 侧平板支撑
第44页

D 死虫动作
第78页

E 四足游
第80页

F 转髋
第76页

G 贝壳练习
第114页

H 俄罗斯转体
第98页

I 坐姿仰卧剪刀腿
第110页

J 椅子式
第50页

K 基本硬拉
第96页

训练计划

运动健身人群

A 俯桥静力
第68页

B 交替抬腿
第74页

C 转肩
第72页

D 球上卷腹
第94页

E 抬腿转髋
第92页

F 仰卧交替对角伐木
第106页

G 俄罗斯转体
第98页

H 坐姿仰卧剪刀腿
第110页

I 过顶砸球
第124页

J 半跪姿垂直侧向扔球
第130页

K 直立姿旋转过顶砸球
第128页

第6章

训练计划

142

上腹部练习

A 俯桥静力
第68页

B 前推
第88页

C 球上卷腹
第94页

D 转肩
第72页

E 仰卧交替对角伐木
第106页

F 坐姿转体
第112页

G 过顶抛接球
第118页

H 过顶砸球
第124页

下腹部练习

A 交替抬腿 第74页	**B** 俯卧撑至屈膝 第90页	**C** 坐姿仰卧剪刀腿 第110页
D 单腿转动 第102页	**E** 抬腿转髋 第92页	**F** 平板支撑转体 第40页
G 仰卧两头起 第104页	**H** 俄罗斯转体 第98页	**I** 侧向下砍 第134页

旋转肌群练习

A 坐姿转体
第112页

B 平板支撑转体
第40页

C 转肩
第72页

D 俄罗斯转体
第98页

E 坐姿仰卧剪刀腿
第110页

F 摇滚自行车
第108页

G 半跪姿垂直侧向扔球
第130页

H 直立姿旋转过顶砸球
第128页

I 侧向下砍
第134页

腹部塑形

A 球上卷腹
第94页

B 转肩
第72页

C 坐姿转体
第112页

D 坐姿仰卧剪刀腿
第110页

E 平板支撑转体
第40页

F 摇滚自行车
第108页

G 俄罗斯转体
第98页

H 仰卧交替对角伐木
第106页

I 侧向下砍
第134页

核心稳定性

A 平板支撑
第 36 页

B 反式平板
第 48 页

C 侧平板支撑
第 44 页

D 对侧上举
第 38 页

E 死虫动作
第 78 页

F 四足游
第 80 页

G 动态前屈髋
第 42 页

H 军步屈髋
第 54 页

I 直膝髋外展
第 46 页

J 单腿跳
第 58 页

K 有反向跳
第 60 页

L 双腿交换跳
第 64 页

训练计划

足球

A 站姿体侧屈
第12页

B 动态眼镜蛇式
第18页

C 侧弓步
第22页

D 动态前屈髋
第42页

E 军步屈髋
第54页

F 直膝髋外展
第46页

G 球上卷腹
第94页

H 俯卧撑至屈膝
第90页

I 仰卧两头起
第104页

J 俄罗斯转体
第98页

K 坐姿仰卧剪刀腿
第110页

L 单腿转动
第102页

M 过顶扔球
第120页

N 双腿交换跳
第64页

O 单腿跳
第58页

篮球

A 侧向伸展
第14页

B 坐式扭转
第16页

C 卧式脊柱扭转
第28页

D 平板支撑转体
第40页

E 军步屈髋
第54页

F 直膝髋外展
第46页

G 球上卷腹
第94页

H 俯卧撑至屈膝
第90页

I 俄罗斯转体
第98页

J 过顶抛接球
第118页

K 过顶砸球
第124页

L 直立姿旋转过顶砸球
第128页

M 分腿姿垂直侧向扔球
第132页

N 侧向下砍
第134页

O 双腿交换跳
第64页

排球

A 动态眼镜蛇式
第18页

B 坐式扭转
第16页

C 脊柱伸展
第32页

D 俯桥静力
第68页

E 前推
第88页

F 俯卧撑至屈膝
第90页

G 球上卷腹
第94页

H 转肩
第72页

I 伸髋挺身
第86页

J 俄罗斯转体
第98页

K 仰卧两头起
第104页

L 过顶下砍
第122页

M 有反向跳
第60页

N 双腿交换跳
第64页

游泳

A 动态眼镜蛇式
第18页

B 卧式脊柱扭转
第28页

C 对侧上举
第38页

D 平板支撑转体
第40页

E 动态前屈髋
第42页

F 前推
第88页

G 死虫动作
第78页

H 四足游
第80页

I 转肩
第72页

J 交替抬腿
第74页

K 俯卧撑至屈膝
第90页

L 单腿转动
第102页

M 球上卷腹
第94页

网球

A 脊柱伸展 第32页	**B** 卧式脊柱扭转 第28页	**C** 俯桥静力 第68页
D 平板支撑转体 第40页	**E** 侧平板支撑 第44页	**F** 前推 第88页
G 俯卧撑至屈膝 第90页	**H** 转肩 第72页	**I** 俄罗斯转体 第98页
J 仰卧两头起 第104页	**K** 单腿转动 第102页	**L** 分腿姿垂直侧向扔球 第132页

M 双腿交换跳
第64页

高尔夫球

A 脊柱伸展
第32页

B 坐式扭转
第16页

C 卧式脊柱扭转
第28页

D 平板支撑转体
第40页

E 军步屈髋
第54页

F 侧平板支撑
第44页

G 转肩
第72页

H 俯卧撑至屈膝
第90页

I 转髋
第76页

J 球上卷腹
第94页

K 俄罗斯转体
第98页

L 抬腿转髋
第92页

M 半跪姿垂直侧向扔球
第130页

N 分腿姿垂直侧向扔球
第132页

O 基本硬拉
第96页

作者简介

张建，助理研究员，河北师范大学体育硕士，北京体育大学在读博士；备战 2016 年里约奥运会身体功能训练团队中方体能执行教练，主要负责为中国自行车队场地短距国家队提供体能测评与训练指导服务，期间还参与了中国皮划艇队、中国排球队、中国举重队等多个项目的体能训练与指导工作；在备战 2020 年东京奥运会期间，参与中国田径投掷队的体能训练与指导工作；目前在为中国田径投掷队备战 2024 年巴黎奥运会提供体能训练指导服务；长期参与河北省体育科学研究所的青少年运动员选材与研究工作，在国内多家期刊和国内外多个会议上发表运动科学相关论文十余篇；主要研究方向：运动训练、体能训练。